W0054138

Wo Ja Nein bedeutet

Franziska von Au

Wo Ja Nein bedeutet

Die verrücktesten Tabus, Missverständnisse & Fettnäpfchen aus aller Welt

Bassermann

MIX
Papier aus verantwor-
tungsvollen Quellen
FSC® C014496

Verlagsgruppe Random House FSC®-DEU-0100
Das für dieses Buch verwendete FSC®-zertifizierte Papier
München Super liefert Arctic Paper Mochenwangen GmbH.

ISBN: 978-3-8094-2764-3

© 2012 by Bassermann Verlag, einem Unternehmen der Verlagsgruppe
Random House GmbH, 81673 München

Die Verwertung der Texte und Bilder, auch auszugsweise, ist ohne Zustimmung
des Verlags urheberrechtswidrig und strafbar. Dies gilt auch für Vervielfältigungen,
Übersetzungen, Mikroverfilmung und für die Verarbeitung mit elektronischen
Systemen.

Umschlaggestaltung, Grafiken und Layout: Atelier Versen, Bad Aibling
Projektleitung: Anja Halveland
Herstellung: Sonja Storz

Die Ratschläge in diesem Buch sind von der Autorin und vom Verlag sorgfältig
erwogen und geprüft, dennoch kann eine Garantie nicht übernommen werden.
Eine Haftung der Autorin bzw. des Verlags und seiner Beauftragten für Personen-,
Sach- und Vermögensschäden ist ausgeschlossen.

Satz: Atelier Versen, Bad Aibling
Druck und Bindung: GGP Media GmbH, Pößneck

Printed in Germany

817 2635 4453 6271

Inhalt

Vorwort

Sie glauben, dass Sie von Ihren Eltern ganz brauchbare Manieren mitbekommen haben? Sie sind der festen Überzeugung, dass Sie mit Ihrer guten Kinderstube überall durchkommen? Täuschen Sie sich nicht: Es gibt eine ganze Reihe von Benimmregeln, die so ganz anders als unsere gewohnten sind. Und das nicht nur in fernen Ländern, sondern gerade in Europa, ja sogar in Ländern in unserer unmittelbaren Nachbarschaft.

Sie können mit Messer und Gabel essen und halten sich auch sonst für ziemlich sattelfest in Sachen Etikette? Okay – aber wie sieht es aus, wenn Sie in Asien mit Stäbchen essen sollen? Isst man überhaupt überall in Asien damit? Selbst in Großbritannien, Frankreich oder den USA kennt man Regeln bei Tisch, die uns fremd sind. Von ungewöhnlichen Lebensmitteln und Speisenamen mal ganz abgesehen – die gibt es nämlich nicht nur in fernen Ländern, sondern sogar bei unseren unmittelbaren, deutschsprachigen Nachbarn.

Was machen Sie, wenn Sie in Osttimor sind und der Polizeichef im Smalltalk beim Abendessen ganz beiläufig drüber spricht, dass „heute Nacht eine Hexe über die Hauptstadt geflogen" ist?

Wussten Sie, dass es in manchen Gegenden verpönt ist, Nein zu sagen? Was tun Sie aber, wenn Sie einfach mal Nein sagen müssen? Ist Ihnen klar, dass es eine ganze Reihe von Regionen auf der Welt gibt, in denen man den Kopf schüttelt, um Ja zu sagen? Natürlich gilt auch das Gegenteil: Die Menschen dort nicken mit dem Kopf, wenn sie Nein sagen wollen …

Kennen Sie die Gefahren eines Liebesnachtischs, der Sie zu weit mehr als einem netten Essen „verpflichtet"? Würden Sie sich nicht merkwürdig vorkommen, wenn Ihre Kinder anfingen, nicht mehr Mama und Papa zu sagen, sondern Sie förmlich mit „Sie" ansprächen?

Wie sieht es mit Ihren Kenntnissen aus, welche Geste wann gebräuchlich ist? Gerade hier verbirgt sich so manches heimtückische Fettnäpfchen – und das ebenfalls nicht nur in fernen Ländern, sondern ganz in unserer Nähe. Da wird schnell einmal das altbekannte Victory-Zeichen zu einer unflätigen Aufforderung, oder Sie fühlen sich durch einen gezeigten „Vogel" beleidigt, obwohl Ihr Gegenüber eigentlich nur klarmachen wollte, dass Sie ganz schön smart sind.

Ganz abgesehen natürlich von so manchem Aberglauben, der zu manchmal merkwürdigen Sitten führt: Sie selbst gehen vielleicht nicht an einem Freitag, den 13. aus dem Haus. Anderswo jedoch ist Dienstag, der 17. der Unglückstag.

In diesem Buch erfahren Sie alles über die unmöglichsten, ungewöhnlichsten und verrücktesten Benimmregeln. Damit Sie sich nirgends auf der Welt mehr komplett daneben benehmen …

Franziska von Au
Landshut/Lissabon
März 2011

Kapitel 1

Alles easy in Europa?

So kann man sich täuschen.
Von den merkwürdigen Eigenarten selbst
unserer engsten Nachbarn

Sie waren schon immer gern in Österreich oder der Schweiz
in den Alpen zum Skifahren.
Sie lieben es, im französischen Elsass essen zu gehen.
Die Beneluxstaaten sind Ihnen sozusagen mehr als bekannt,
schließlich kaufen Sie immer wieder mal Kaffee und Käse in
Holland ein oder leckere Trüffelpralinen in Brüssel.
In Dänemark waren Sie schon als Jugendlicher zelten, und in
Schweden haben Sie schon die Mitternachtssonne bewundert.
Shoppingtouren nach London machen Sie regelmäßig, und in
Italien fühlen Sie sich genauso daheim wie in Spanien. Sind ja
schließlich alles Europäer, und das bisschen Sprachproblem, das
vielleicht mal auftreten könnte – das stecken Sie einfach weg.
Sie kennen sich ja aus.
Wirklich?

Warum haben wir dann für Völker, die uns doch scheinbar so nahe sind, so neckische „Spitznamen"? Da nennt der Bayer die Österreicher liebevoll-boshaft „Ösi", rauer wird es dann schon mit der Bezeichnung „Schluchtenscheißer". Die Österreicher revanchieren sich mit „Piefke". Die Schweizer werden schmunzelnd „Alm-Öhi" genannt – und wir Deutschen heißen im Gegenzug „Sauschwob" oder gar „Gummihals". Die Schimpfnamen für andere Nationen sind Legion. Sogar innerhalb Deutschlands kennen wir das ja: Bayern nennen die Hamburger gerne „Fischkopf", und die kontern mit „Seppl" oder „Jodler".

Sie machen das natürlich nicht. Sie sind hoffentlich wohlerzogen und würden daher so etwas nie über die Lippen bringen. Allerdings wundern Sie sich schon manchmal darüber, was man anderswo als „gute Kinderstube" bezeichnet.

Gemeinsame Sprache – und doch so viele Unterschiede

Allzu gern erliegt man der Täuschung, dass man Dinge, die einem nahe sind und die man deshalb für vertraut hält, in- und auswendig kennt. Über Unterschiede, die ganz bestimmt da sind, sieht man deshalb lieber einfach hinweg. Unterschiede aber gibt es, ganz ohne Zweifel. Selbst bei unseren allernächsten Nachbarn in Österreich und der Schweiz, die ja – zumindest teilweise – dieselbe Sprache sprechen wie wir. Aber sogar in der Sprache gibt es einige Tücken. Das müssen sogar Bayern einräumen, die doch so viel näher an Österreich sind als etwa ein Kölner oder gar ein „Nordlicht" aus Hamburg.

Klar: Für jemanden nördlich der Donau, also jenseits des „Weißwurstäquators", klingen bayerisch und österreichisch praktisch gleich. Zumindest beim ersten Zuhören. Beim genaueren Hinhören jedoch merkt auch ein „Preiß", dass da nicht nur in der Sprachmelodie, sondern auch inhaltlich gewaltige Unterschiede existieren.

Österreich: die glückliche Alpenrepublik

Schon bei der Begrüßung geht es los: Warum, so fragt sich jeder, der nicht gerade aus dem direkt benachbarten Bayern nach Österreich einreist, sagt man hier nicht „Guten Morgen" oder „Guten Tag"? Wieso soll man den lieben Gott grüßen? Und dann das „Servus" oder gar „Baba", wenn man sich wieder trennt! Was heißt das eigentlich? Muss das wirklich sein? Nein, muss es nicht – jedenfalls nicht, wenn Sie sich nicht als anbiedernder Deutscher gebärden wollen. Sie dürfen durchaus „Auf Wiedersehen" sagen (und im offiziellen Umgang miteinander wird das übrigens auch ein Österreicher tun).

Was Sie allerdings tun sollten, ist, auf den Titel Ihres Gesprächspartners zu achten. Für uns ist es vielleicht eher lächerlich, „Herr Kommerzialrat" oder „Herr Ingenieur" zu sagen. In Österreich aber gehört die „Titelei" eben dazu, und gerade ältere Österreicher legen großen Wert darauf. Genauso übrigens wie auf die Anrede „gnädige Frau" und den Handkuss für die Dame. Seien Sie also darauf gefasst, dass gerade ältere Herren Sie damit beglücken werden. Sie sollten das auch zulassen und nicht etwa Ihre Hand wegziehen. Fühlen Sie sich lieber ein bisschen wie Kaiserin Sissi – dann überstehen Sie das schon.

Richtig schwierig aber wird es, wenn Sie essen gehen wollen. Da entdecken Sie nämlich auf einer österreichischen Speisekarte Gerichte, von denen Sie noch niemals gehört haben. Da gibt es einen Vogerlsalat, ein Butterschnitzel aus faschiertem Fleisch, Fisolen, Erdäpfel und Paradeiser. Hilfe!

Kein Problem: Es handelt sich um Feldsalat, eine Scheibe Hackbraten, Bohnen, Kartoffeln und Tomaten. Jeder österreichische Kellner wird Ihnen das gerne erklären – wenn Sie freundlich nachfragen. Wenn Sie allerdings gar nicht mal so leise darüber lästern und sich lustig machen, sieht es möglicherweise anders aus. Aber dass man das nicht tut, wussten Sie ja sicher schon.

Zum Thema Dialekt: Je nach Region sprechen Österreicher manchmal für uns kaum verständlich, vor allem, wenn sie sich untereinander unterhalten. Gegenüber Ausländern jedoch pflegt man ein österreichisch gefärbtes Hochdeutsch, das uns zwar immer noch fremdartig vorkommt, das wir aber ohne Probleme verstehen.

Schweiz: Eidgenossen mit Ecken und Kanten

Kommunikative Missverständnisse sind in der Schweiz praktisch vorprogrammiert. Allein schon deshalb, weil uns Deutschen dieser Schweizer Dialekt so wahnsinnig witzig vorkommt und wir deshalb dazu neigen, ihn nur allzu gerne nachzuahmen. Grober Fehler! Erstens können Sie es nicht und zweitens fühlt sich jeder Schweizer dadurch einfach nur veräppelt. Kein guter Einstieg. Man kann ja verstehen, dass es einen einfach reizt, dieses „Gruezi", das kehlig ausgesprochene „Ch" und das putzig-verkleinernde „-li" an fast jedem Substantiv. Sie können jedoch sicher sein: Sie wissen eben nicht genau, wann man es wie macht. Und damit springen Sie sozusagen freiwillig in den Fettnapf.

Wie in Österreich gibt es in der Schweiz Wörter, die eine gänzlich andere Bedeutung haben als bei uns. Beispiel gefällig? Aber gerne: Wenn ein Deutschschweizer sagt, „ich ha ned Puff daheime", heißt das ganz und gar nicht, dass er in einem Bordell arbeitet oder gar eines besitzt. Sondern so wird auf Schweizerdeutsch ausgedrückt, dass es momentan in den eigenen vier Wänden ziemlich unordentlich ist …

Hüten Sie sich übrigens davor, zu glauben, Sie würden plötzlich Schweizerdeutsch verstehen, wenn Sie sich ohne größere Probleme mit einem Schweizer unterhalten und alles verstehen können. Das liegt nämlich schlicht und ergreifend daran, dass er sozusagen Schweizer Hochdeutsch spricht und damit auf Sie eingeht. Schweizer untereinander jedoch – da haben Sie kaum eine Chance.

Kleiner Tipp fürs Restaurant: Sie zeigen sich besonders höflich – und das ist hier in der Schweiz üblich –, wenn Sie nach der Begrüßung nicht einfach ordern „ich bekomme einen Kaffee". Benutzen Sie hier eher den Konjunktiv. Also sagen Sie: „Ich hätte gerne einen Kaffee!" Eine Kleinigkeit? Gewiss. Aber eine, die Ihnen den Umgang innerhalb der Schweiz erleichtert. Die „gnädige

Frau" kennt man auch in der Schweiz. Der Handkuss ist hier nicht üblich, wohl aber – in den französischen und italienischen Kantonen – der leichte Kuss auf die Wange bei einer Begrüßung.

Nachbarn – und doch so anders

Größere Unterschiede gibt es zu Ländern, denen wir nicht so nahe sind. Vielleicht sind wir ihnen zwar geographisch nah – wie etwa Frankreich oder Polen, die ja direkte Nachbarn Deutschlands sind. Dennoch ist uns im Alltagsleben hier vieles fremd. Kein Wunder, dass es dann oft zu Missverständnissen kommt.

Frankreich: Jumelage mit der „Grande Nation"?

Die Franzosen gelten – das kann man schon bei Asterix nachlesen – als „Erfinder" der Höflichkeit. Das zeigt sich in vielem und hat sich seit den Tagen der wehrhaften Gallier nicht geändert: In Frankreich siezt man sich gerne, und das nicht nur unter Fremden, sondern auch innerhalb der Familie. Es ist nicht ungewöhnlich, dass ein Ehepaar sich gegenseitig oder dass (und dies nicht nur in eher gehobenen Kreisen) Kinder ihre Eltern siezen. Geduzt wird vor allem im Berufsleben kaum, man wählt eher die Form, sich mit dem Vornamen in Kombination mit dem förmlichen „Sie" anzusprechen. Sich spontan duzen: Das gibt es in Frankreich weniger. Auch nicht im privaten Umgang, man muss sich schon sehr lange und gut kennen.

Selbst wenn man jemanden nicht mit Namen kennt, ja sogar wenn man einander wildfremd ist, spricht man sich mit „Monsieur" beziehungsweise „Madame" an. Auch „Mademoiselle" (also unser deutsches „Fräulein") ist absolut üblich. Diese Höflichkeitsfloskeln im Umgang miteinander sind in Frankreich unentbehrlich, sie machen jede Konversation zuvorkommend, und Sie gewöhnen sich besser von vornherein daran. Sie werden zwar in Frankreich keinen Blumentopf gewinnen können, wenn Sie nicht absolut perfekt französisch parlieren können. Aber den guten Willen können Sie ja durchaus mal zeigen. Jede Verkäuferin, jeder Postbote sagt freundlich „Bonjour Madame" oder „Bonjour Monsieur".

Sie glauben, wir Deutschen würden uns oft die Hände schütteln? Dann kommen Sie mal nach Frankreich! Vor allem Männer scheinen hier praktisch ständig mit „shake hands" unterwegs zu sein: Jeden Morgen am Arbeitsplatz, selbst im Großraumbüro, wird jeder einzelne Kollege entsprechend begrüßt. Sie gelten schnell als ziemlich arrogant, wenn Sie nur alle pauschal, etwa mit einem „Salut" begrüßen.

Anders ist es bei den Kolleginnen: Da lässt es sich kein Franzose nehmen, den Wangenkuss anzuwenden. Eine Wissenschaft für sich. Jede/r küsst jede/n mindestens einmal auf die Wange, und zwar auf jede. Planen Sie am besten ein bisschen Zeit ein, denn wenn man das in der gesamten Abteilung macht ... Man küsst übrigens nicht „richtig", sondern haucht „la bise" mehr in die Luft. Schließlich will man ja das Make-up nicht gefährden. Ganz wichtig: Männer untereinander küssen sich nicht. Wenn man sich gut kennt, umarmt man sich vielleicht, sonst schüttelt man sich die Hand und klopft sich vielleicht noch auf Schulter und Rücken. Das war's.

Niederlande: das Käseland?

Den schlimmsten Fehler, den Sie hier machen können: Sie sprechen von „Holland" und „Holländern". Das wäre in etwa so, als ob man Bayern mit Deutschland gleichsetzt. Okay, viele Amerikaner tun das. Aber das ist ja nun kein Grund, dass Sie dasselbe mit den Niederländern machen. Sie machen bitte auch keine dummen Witze über die „Kásköppe", selbst wenn es Sie furchtbar nervt, wenn Sie wieder einmal stundenlang hinter einem Caravangespann herzuckeln mussten.

Unsere Nachbarn gelten als locker und umgänglich, man duzt sich zum Beispiel schnell. Aber Vorsicht: Das verleitet dazu, dass man allzu schnell den natürlich vorhandenen inneren Abstand und auch Hierarchien übersieht. Man muss das eher „erspüren".

Wichtig, ja lebenswichtig für das gesellschaftliche Leben, privat und beruflich, ist das morgendliche Ritual des „kopje koffie". Diese Tasse Kaffee immer zwischen 10 und 11 Uhr morgens ist sozusagen heilig. Da wird jede Konferenz unterbrochen – und wehe, Sie planen das in Ihrem Tagesablauf nicht ein. In diesem Fall ist der Niederländer auch pünktlich – ganz im Gegenteil dazu, wenn man sich abends in den eigenen vier Wänden verabredet. Da kann es nämlich durchaus passieren, wenn Sie bei jemandem eingeladen sind, dass Ihr Gastgeber noch unter der Dusche steht, wenn Sie auf die Minute pünktlich an der Türe klingeln. Also lieber eine Viertel- oder sogar eine halbe Stunde später kommen! Das gilt aber nicht, wenn Sie sich in einem Restaurant treffen.

Will man in den Niederlanden jemanden etwas besser kennenlernen, so lädt man ihn zu einem „borrel" ein. Das ist dann kein komplettes Mittag- oder Abendessen, sondern ein Aperitif mit kleinen Häppchen. Solch ein geselliges Beisammensein (und natürlich hat man dafür noch den speziellen Ausdruck „gezeeligheid", was etwa unserer deutschen Gemütlichkeit entspricht) macht es leicht, einander unverbindlich zu begegnen und eine eher lockere Bekanntschaft zu vertiefen.

Großbritannien: Skurriles und Bizarres – nicht nur bei Tisch

Die englische Küche ist zwar bekanntermaßen nicht unbedingt die beste. Aber in Sachen Tischmanieren haben sich die Briten eine ganze Menge einfallen lassen. So etwa, dass man die Gabel stets mit der Wölbung nach oben gebraucht (dazu später mehr). Das heißt: Sie müssten wahre Balanceakte vollbringen, wenn Sie britisch formvollendet speisen wollten. Müssen Sie aber nicht, denn keiner wird es Ihnen übelnehmen, wenn Sie sich an Ihre deutschen Benimmregeln halten.

Es gibt in Großbritannien eine ganze Menge für uns sehr ungewohnter Sitten und beinahe skurril-bizarren Brauchtums. Das alles aufzuzählen, würde Bände füllen. Deshalb nur ein Beispiel: das sogenannte „Letterboxing". Was das ist? Überall in Großbritannien wird gerne gewandert, und weil die Briten stolz darauf sind, wo sie überall zu Fuß hinkommen, gibt es überall kleine Kästen, in denen sich ein kleines Buch und ein Stempel verbergen. Da trägt sich der Wandersmann ein (die Wandersfrau selbstverständlich auch) und dokumentiert so, dass er da war. Die raffinierten Landbewohner jedoch haben herausgefunden, dass man hier Briefe deponieren kann – und diese tatsächlich ankommen. Denn die Wandersleut' nehmen sie mit und werfen sie in den nächstgelegenen offiziellen Briefkasten der königlich-britischen Post. Es müssen übrigens nicht unbedingt Holzkästen sein – in Dartmoor gibt es fürs Letterboxing beispielsweise Einmachgläser in hohlen Baumstämmen. Oder Blechbüchsen, die in Felsnischen geklemmt wurden. An allen möglichen und unmöglichen Stellen eben, wo gewandert wird.

Der Adel spielt in Großbritannien immer noch eine große Rolle. Sie werden es schwer haben, genau herauszufinden, wen Sie wie anzusprechen haben. Am besten erkundigen Sie sich vorab. Es gibt zwar genügend Lords, Earls und Dukes, die keinen Wert auf ihren Titel legen, aber das wird derjenige Ihnen gegenüber dann äußern. Sie selbst können da nicht vorab tätig werden und den Titel einfach weglassen.

Wichtig, falls Sie in diese Verlegenheit kommen und mit einem Mitglied der Royals zusammentreffen: Das Thema, das ein Mitglied der Königsfamilie in einem Gespräch anschneidet, wird nicht von einem Bürgerlichen und schon gleich gar nicht von einem Ausländer einfach gewechselt. Wenn Ihnen also ein Gespräch unangenehm ist – tja, da müssen Sie durch! Natürlich verlassen Sie eine Veranstaltung auch niemals, bevor die Queen oder ein anderer Angehöriger der Royals gegangen ist.

Briten entschuldigen sich praktisch dauernd – das kleine Wörtchen „sorry" hört man immer und überall, und natürlich sind „please" und „thank you" ein absolutes Muss. Ungewöhnlich klingt außerdem die ständige Anrede „my love" oder „my dear", „sweety" oder „honey", ja sogar „darling" gänzlich Fremden gegenüber. Das hat nichts weiter zu bedeuten, sondern ist eben einfach nur freundlich gemeint. Die britische Art der Zurückhaltung und der Höflichkeit erfordert es, dass Sie sich ebenfalls zurückhalten. Sonst sind Sie nämlich schnell unten durch.

Dass Briten gerne Schlange stehen, wissen Sie bestimmt, und ebenfalls, dass man als Frau in viele britische Clubs nicht hinein darf. Beides müssen Sie akzeptieren. Drängen Sie sich also niemals vor, selbst wenn Sie es noch so eilig haben. Und fangen Sie bitte keinen Streit mit dem Portier an, wenn Sie in einen Club nicht hineingelassen werden. Sie werden nicht gewinnen. Sondern nur an Ansehen verlieren.

Skandinavien: immer cool – aber per Du!

Schon wenn Sie in einem deutschen Ikea einkaufen, fällt Ihnen auf: Hier duzen sich alle. Boss und Untergebene – und man hat manchmal den Eindruck, dass sich die Angestellten wirklich zusammenreißen müssen, um nicht die Kunden ebenfalls zu duzen. Dieses Prinzip findet sich in Skandinavien nicht nur in Schweden. Und auch sonst gibt es bei unseren nördlichen Nachbarn ein paar Besonderheiten.

Dänemark: Ist hier etwas faul im Staate?

Ganz und gar nicht. Die Dänen sind im Grunde stets gelassen, und das drückt sich im wichtigsten Satz aus, den sie so kennen. Man sagt hier ständig „slap af!", und das ist nicht etwa eine Aufforderung zum Schlafen, sondern heißt übersetzt so viel wie „entspann dich!". Also tun Sie es besser auch. Geduzt wird hier jeder sehr schnell. Wundern Sie sich also nicht, wenn das auch Ihnen passiert.

Schweden: die Japaner Nordeuropas

Schweden sind bei weitem nicht so offen und liberal, wie man hierzulande oft glaubt. Es geht vielmehr oft sehr zurückhaltend zu. Und Sie als Ausländer tun gut daran, das zu akzeptieren. Das fängt schon damit an, dass man ungern klare Auskünfte gibt. Ein direktes Nein oder offenes Ja – das vermeiden die Schweden lieber. Denn zum einen könnte man sie dann auf eine Aussage festnageln und zum anderen würde eine offen ablehnende Äußerung den anderen vielleicht verletzen. Nicht nur deshalb nennt man die Schweden oft die „Japaner Nordeuropas".

Das schwedische Wort „lagom" (was in etwa bedeutet: „genau richtig") beschreibt genau diese Haltung: angepasst sein, nicht aus dem Rahmen fallen, sich nicht vordrängen – weder tatsächlich noch im übertragenen Sinne. Von Ikea wissen Sie ja, dass man sich hier schnell duzt. Das Du ist die offizielle Anrede untereinander, und auf Titel legt man hier im Land der Mitternachtssonne so gar keinen Wert. Allerdings: Das gilt nur für Schweden untereinander. Sie sollten, wenn Sie zum ersten Mal bei einem Schweden zu Besuch sind, nicht gleich duzen, sondern beim eher förmlichen Sie bleiben. Es dauert sowieso nicht lange, bis man Ihnen das Du anbietet.

Wichtig: In Schweden herrscht das sogenannte „Allemansrätt", das „Jedermannsrecht". Es regelt heutzutage vor allem den Aufenthalt in der freien Natur. In Schweden, aber auch in Norwegen, dürfen Sie im wahrsten Sinn des Wortes überall hin. Auch auf Privatgrundstücke. Allerdings nutzt das kein Schwede aus, und es ist Ihnen dringlichst anzuraten, das ebenfalls so zu handhaben. Alles andere wäre mehr als aufdringlich und ein absolutes No-go. Verfahren Sie nach dem Grundsatz: Nicht stören – nichts zerstören. Das Betreten eines Privatgrundstücks ist zwar erlaubt, aber Sie müssen stets das sogenannte „Hausgrundstück" respektieren. Mit diesem Begriff bezeichnet man in Schweden den engeren Bereich rund um das Gebäude. Er muss nicht eingezäunt sein, denn Mauern und Zäune sind hier sowieso nicht so üblich wie bei uns.

Norwegen: Land der Fjorde

Es gibt ein ungeschriebenes Gesetz in Norwegen, und dieses regelt das gesamte Zusammenleben – auch mit Ausländern und Touristen. Es lautet: „Glaub nicht, dass Du mehr bist als wir!" Dieser Grundsatz von Gleichheit und Gerechtigkeit – auf Norwegisch „rettferd" – gilt sogar für den König. Klar, dass der norwegische König im Gegensatz zu seinem schwedischen Kollegen Carl Gustav keine Skandale und Skandälchen an der Backe hat!

Zurückhaltung ist also Trumpf im Umgang mit Norwegern. Sowohl untereinander wie auch gegenüber Fremden gibt man sich allerdings nicht von vornherein offen, selbst wenn man sich duzt. Das Du ist hier die übliche Anrede, es bedeutet aber nicht, dass man besonders miteinander vertraut ist. Wichtiger Hinweis: Der Norweger ist ohne Nummernzettel nicht denkbar. Überall – in der Post, in der Bank, in Geschäften – zieht man eine Nummer und wartet ordentlich, bis man an die Reihe kommt.

Der Osten Europas: Wo der Handkuss sich erhalten hat

Machen Sie nicht den großen Fehler, Polen und die Tschechische sowie die Slowakische Republik offiziell im Sprachgebrauch nach Osteuropa zu verlegen. Okay – von uns aus gesehen ist es natürlich östlich. Geographisch und kulturell gesehen jedoch zählt man diese Staaten zu Mitteleuropa. Und damit sind sie uns im Hinblick auf Benimmregeln ziemlich nahe. Mit ein paar Ausnahmen:
• In Polen begrüßt man Damen mit Handkuss.
• In der Tschechischen Republik – vielleicht aus der langen Zeit der k. u. k. Monarchie – legt man großen Wert auf Titel.
• In der Slowakischen Republik kennt man noch die Anrede „Fräulein", und Titel spielen auch hier eine große Rolle.
• In Ungarn wird der Familienname stets vor dem Taufnamen genannt. Und den Handkuss gibt es hier ebenfalls.

Im Süden Europas

Italien, Spanien, Portugal – hier machen wir Urlaub. Und das oft schon seit vielen Jahren, und gerade deshalb glauben wir, uns hier besonders gut auszukennen. Aber: In all diesen Ländern lebt man oft seit Jahrzehnten vom Tourismus und hat sich deshalb den fremden Gästen angepasst. So manche Regel wird uns deshalb gar nicht bewusst – und natürlich merken wir daher nicht, wenn wir uns daneben benehmen. Etwa, indem wir besonders pünktlich sind – wo es doch in Südeuropa eher zum guten Ton gehört, mindestens eine Viertelstunde, gerne auch mehr, zu spät zu kommen.

Italien: Land, wo die Zitronen blühen

Man begrüßt sich – auch unter Männern – mit einem angedeuteten Kuss, wenn man miteinander bekannt ist. Zuerst auf die rechte Wange, dann auf die linke. Das „Miteinander-Bekanntsein" geht übrigens recht schnell. Sie machen das Spielchen besser mit, sonst gelten Sie als distanziert, ja sogar abweisend. Wichtig: Das bei uns so beliebte „Ciao" sagt man in Italien übrigens nur, wenn man sich gut kennt. Oder unter jungen Leuten.

Das Alltagsleben geht hier ganz bestimmt nicht ruhig und dezent zu, sondern eher laut und lebhaft. Es kann passieren, dass Sie der Meinung sind, zwei Italiener würden sich aufs Erbittertste streiten; und dann stellen Sie fest, die beiden haben sich lediglich über ein Mittagessen „unterhalten". Italienisches Temperament! Und natürlich gehört das „Reden mit den Händen" in Italien dazu. Ein Italiener, der seine Hände beim Sprechen still hält – den gibt es einfach nicht!

„Bella figura" ist in Italien unerlässlich. Dieser Begriff steht aber nicht nur für Eleganz im Outfit, sondern auch im Verhalten: Man benimmt sich höflich, man zeigt Geist und Eloquenz, man hat Kontakte – zu wem auch immer. Zu einem Titel kommen Sie in Italien übrigens schnell: „dottore" oder gar „professore" und natürlich „ingegnere" (Ingenieur) sagt man stets zum Namen dazu. Als Deutscher in einer beruflichen Stellung, in der man vermuten könnte, Sie hätten einen entsprechenden akademischen Grad, werden Sie also schnell „befördert". Akzeptieren Sie es – das ist das einfachste. Und Sie haben automatisch „bella figura" ...

Undenkbar etwa, dass man in einer Bar oder einem Restaurant allein am Tisch sitzt – Italiener werden sich immer dazusetzen. Und im Fahrstuhl stellt man sich keinesfalls möglichst weit auseinander, selbst wenn man nur zu zweit nach oben fährt. Das hat aber nichts mit Aufdringlichkeit zu tun, sondern damit, dass körperliche Nähe hier einfach üblich ist.

Spanien: von Flamenco und Corrida

Sprichwörtlich ist der Stolz der Spanier. Und ihre Höflichkeit in allen Lebenslagen. Zuspätkommen ist hier nicht unhöflich – ganz im Gegenteil. Eine halbe Stunde ist das Minimum. Sehr ungewohnt sind die Essenszeiten: Mittags isst man selten vor 14 Uhr, das Abendessen wird niemals vor 21 Uhr, oft sogar noch später begonnen. Damit man die Zeit aber einigermaßen überbrückt, denn im Job geht man oft gar nicht ausgiebig zum Mittagessen, gibt es am späten Nachmittag die sogenannte „merienda" mit kleinen Speisen, gerne Kaffee und Kuchen.

Achtung: Bestellen Sie in Spanien niemals einfach nur eine „Cola" –das ist nämlich das gar nicht so dezente Wort für „Schwanz", und das kann Ihnen Peinlichkeiten einbringen. Ordern Sie lieber entweder eine „Coca-Cola" oder nehmen Sie gleich eine Pepsi.

Dass die Siesta in Spanien praktisch erfunden wurde, wissen Sie sicher. In der Großstadt ist es nicht mehr so, aber überall sonst gilt eine strikte Ruhezeit zwischen 13 und 17 Uhr. Geschäfte haben geschlossen, und Sie sollten in dieser Zeit von privaten Besuchen Abstand nehmen.

Es ist erstaunlich, aber der Volkstanz Flamenco ist wirklich eine tief verwurzelte Tradition. Es passiert durchaus, dass in einer Diskothek plötzlich gegen Mitternacht Flamenco-Musik ertönt, und alle jugendlichen Spanier mittanzen. Eine andere Tradition, die eher umstritten ist (auch innerhalb Spaniens): der Stierkampf. Als Ausländer sollten Sie sich da nicht auf große Diskussionen einlassen: Einen eingefleischten „aficionado" werden Sie eh nicht überzeugen.

Katalanen und Basken bezeichnen Sie bitte niemals als Spanier. Es gibt da Bestrebungen zur Unabhängigkeit, denn beide Regionen haben nicht nur eigene Traditionen, sondern sogar jeweils eine eigene Sprache.

Portugal: Saudade – die Sehnsucht nach vergangenen Zeiten

Portugal ist nicht „nur" die Algarve – es ist vielfältig und bietet neben Sonne, Strand und Meer noch vieles andere. Das ist erst einmal das Wichtigste. Alles andere erschließt sich in diesem kleinen Land im äußersten Südwesten Europas nach und nach von selbst. Was Sie beachten sollten: Portugiesen gelten als ausgesprochen höflich – selbst wenn man im Menschentrubel auf einem Bauernmarkt einfach nur durchkommen will, sagt man „com licença" – „mit Ihrer Erlaubnis", also etwa unser „gestatten Sie bitte". Man duzt sich hier keinesfalls sehr schnell, verwendet aber schnell das „Sie" mit dem Vornamen und dem „Titel" für Frau bzw. Mann. So wird man dann eben zur „Dona Andrea" (keinesfalls: „Senhora Karin"!) oder zu „Senhor Otto".

Sie sollten wissen, dass selbst eine ganz normale Lehrerin hier mit „professora" angesprochen wird. Das hat nichts damit zu tun, dass sie Professorin ist. Sondern die Bezeichnung „professora" heißt im Portugiesischen schlicht und ergreifend „Lehrerin" (kleine Extra-Info: der Universitätsprofessor heißt hier „professor universitário"). Titel sind sehr wichtig, man kennt nicht nur den „Herrn Doktor" („senhor doutor"), sondern auch den „Herrn Ingenieur". Am Telefon allerdings sind alle Portugiesen gleich: Sie melden sich nur mit „estou" (ausgesprochen „schtó"), und das heißt lediglich „ich bin es". Wer es dann ist – das müssen Sie selbst herausfinden!

In Portugal lebt man immer ein wenig in der zweifellos großen historischen Vergangenheit, nach dem Zeitalter der Entdecker. Die Sehnsucht nach eben dieser Größe – eben die „saudade" – kennt jeder Portugiese, wirklich jeder. Dieses Lebensgefühl ist für einen Ausländer schwer zu begreifen, und es äußert sich unter anderem in der ganz speziellen Musik Portugals, im Fado. Wichtigste Benimmregel: Während eines Fado-Konzerts, das durchaus im Restaurant stattfindet und nicht in einem Konzertsaal, ist jegliche Unterhaltung, selbst flüsternd, tabu. Wenn Sie nicht des Lokals verwiesen werden wollen, halten Sie sich besser daran.

Kapitel 2

„Das Hammelauge nehme man mit der rechten Hand ..."

Von Tischsitten und Speisen in fernen und nahen Ländern

Sie haben es nun wirklich von klein auf gelernt: Der Umgang mit Besteck, und da bitteschön nicht nur mit Messer, Gabel und Löffel, sondern auch mit „Spezialbesteck", ist Ihnen vertraut.
Sie wissen, dass man das Wasser mit Zitronenscheibe in einer Fingerschale nicht etwa austrinkt. Und wenn Sie Schnecken serviert bekommen, hüpfen Ihnen die nicht – wie „Pretty Woman" Julia Roberts – aus der Schneckenzange quer durchs halbe Restaurant.

Mit Stäbchen essen? Das ist für Sie ein Kinderspiel! Schließlich sind Sie beim Chinesen um die Ecke praktisch Stammgast, und irgendwann einmal, in Ihrer Jugendzeit, haben Sie es – nach einem langen, alkoholreichen Abend – gelernt, mit diesen Holzdingern richtig umzugehen. Und zwar, indem Sie – Stück für Stück – Erdnüsse aufgenommen haben. Dieses Training hat sich bewährt, und

so fühlen Sie sich jeglicher Situation in Asien gewappnet.
Wirklich jeder?

Haben Sie in Zukunft keine Bedenken mehr: Hier finden Sie
die verrücktesten Benimmregeln rund ums Essen und Trinken und
die exotischsten Speisen ...

Kurioses in Europa

Sie meinen, hier in Europa, bei den uns doch so ähnlichen
Nachbarn, könnten Sie in keinen Fettnapf treten? Täuschen Sie
sich nicht! Es gibt eine Reihe von Speisen und Benimmregeln,
die Ihnen wahrscheinlich ziemlich befremdlich vorkommen.

Großbritannien: Balanceakt für Jongleure

Nicht nur, dass die Briten sehr merkwürdige Ansichten zum
Thema Teezeit haben. Denn Tee, was bei uns eher ein Getränk ist,
das man gleichwertig unserem Kaffee zu sich nimmt, ist in Großbritannien eine ganze, vollwertige Mahlzeit. Nichts da mit nur ein
paar Plätzchen, mit Kuchen oder Torte.
• „Tea" nennt man hier auf der Insel das Abendessen und
• „High Tea" ein leichtes Dinner mit meist kalten Speisen.
• Beim „Cream Tea" gibt es keine Sandwichs – im Gegensatz zum
• „Afternoon Tea", der stets mit Sandwichs, Scones (einem
  unseren Brötchen ähnlichem Gebäck, das jedoch warm gegessen wird) mit Rahm und Marmelade bestrichen und Shortbread
  (einem schottischen Butterkeks) serviert wird und der als kleine
  Zwischenmahlzeit (zwischen Mittagessen und dem abendlichen
  Dinner) gilt.
Alles klar?
Dazu passt, dass die Briten den Tag mit ihrem weltweit berühmten
„englischen Frühstück" beginnen. Und das hat nun nichts, aber
auch gar nichts mit unseren ein oder zwei Brötchen, einer Scheibe
Käse oder Schinken, Marmelade oder Honig zu tun. Jeder Engländer weiß um das alte Sprichwort „Morgens wie ein Kaiser ..." Und
so speist man bereits frühmorgens reichhaltigst: Spiegel- („fried
eggs" mit „sunny side up" oder „sunny side down", also nor-

mal gebraten oder einmal gewendet), Rühr- („scrambled eggs"),
pochiertes oder gekochtes Ei, gebratener Speck oder Schinken,
gebackene Bohnen mit Tomatensauce, gebratene Champignons,
Tomate und Würstchen, geräucherter Bückling und natürlich Toast
und Frühstücksflocken bzw. Porridge – das ist ja wohl das Mindes-
te. Meinen Briten und auch Iren. Für unsere mitteleuropäischen
Mägen ist das sehr ungewohnt, aber es sorgt natürlich dafür, dass
man mit dem in England üblichem sehr kleinen Mittagessen gut
zurande kommt und locker eben bis zum „Tea", welcher Art auch
immer, durchhält.

- In Irland und vor allem Schottland ist Porridge morgens ein
  „Must", dem Sie nicht entkommen können (und so schlimm
  schmeckt es übrigens gar nicht!): Der leicht gesalzene und
  gekochte Haferbrei wird mit Sirup oder Sahne, Butter und Zucker
  verfeinert.

- In Wales und Irland serviert man zum Frühstück gerne Potato
  Farls oder Potato Bread – eine Art Kartoffelbrot, das wie ein
  Pfannkuchen aussieht und in der Pfanne gebacken wird.

- In Schottland wird Black Pudding verspeist – gerne schon zum
  Frühstück. Das ist aber ganz und gar nichts Süßes – sondern
  eine Art dunkler Grützwurst, die in der Pfanne angebraten wird.
  Im morgendlichen (aber auch mittäglichen) Angebot ist noch
  ein weiteres schottisches Spezialgericht: Haggis – mit Herz,
  Leber, Lunge, Nierenfett sowie Zwiebeln und Hafermehl gefüllter
  Schafsmagen. Scharf gewürzt mit Pfeffer – und vielleicht da-
  durch mit Todesverachtung auch für uns essbar. Allerdings zum
  Frühstück vielleicht eher doch nicht …

Ein Balanceakt ist in Großbritannien stets das Essen mit der Gabel.
Auf den britischen Inseln ist es absolut unüblich und ein grober
Verstoß gegen die Benimmregeln, die Gabel so zu benutzen, wie
das bei uns gang und gäbe ist – nämlich als „Schaufel". Hier wird
jeder Bissen auf den Gabelrücken gelegt (bei uns ja nun auf die
andere Seite) und zum Munde geführt. Sie können sich vorstellen,
dass es beispielsweise bei Rosenkohl oder Erbsen oder anderen,
leicht kullernden Speisen ein wahres Kunststück ist, die Gabel mit
dem entsprechenden Happen ohne Malheur auch nur in die Nähe
des Mundes zu bekommen. Klar, dass man da nicht auf Tricks

zurückgreifen sollte – und etwa den Kopf immer näher und näher zum Teller hin beugt ... Erlaubt ist es allerdings, die einzelnen Bissen, und seien sie noch so klein, einzeln aufzuspießen. Aber bitte: keine regelrechte „Jagd" der einzelnen Erbsen quer übern Teller!

Auch beim Löffeln macht man's anders als bei uns: Der wohlerzogene elegante Brite führt niemals die Spitze zum Munde, sondern immer die Löffelseite. Er „nippt" nur und schiebt sich den Löffel nicht zur Gänze zwischen die Lippen. Beim Zuprosten und Trinken gibt es ebenfalls eine Besonderheit: Gläser werden – ganz im Gegensatz zu unseren Benimmregeln – selbst beim feinsten Essen stets am Kelch angefasst. Am Stiel, so meint der Brite, halten sie nämlich nur die „einfachen Leute". Das machen übrigens sogar die Winzer und Weinkenner in Großbritannien so. Noch ein Tipp: Es gibt in Großbritannien nicht die Sitte, sich einen guten Appetit zu wünschen. Übersetzen Sie also nicht mühsam irgendetwas aus dem Deutschen. Sondern lassen Sie's ganz.

Vorsicht, wenn ein Brite von Pudding spricht: Das ist beileibe nicht automatisch eine süße Speise. „Yorkshire Pudding" etwa wird als Beilage zu Steak, Roastbeef und überhaupt gebratenen Fleischgerichten gereicht. Entweder wird er in der Pfanne „gebacken" und hat dann beim Servieren eine tiefe Mulde, in die man die Bratensauce gibt. Oder er wird im Ofen gleichzeitig mit dem Braten gegart: auf der oberen Schiene auf einem Rost das Fleisch, drunter dann der „Pudding", auf den der Bratensaft tropft. Lecker – meinen die Briten. Ob Ihrem Magen das behagt, müssen Sie probieren. Zum Nachtisch gibt's Yorkshire Pudding im Übrigen ebenfalls – dann mit Konfitüre oder Zuckersirup. Ebenfalls süß ist natürlich der Christmas Pudding, der schon Wochen oder sogar Monate vor dem Fest zubereitet wird und den man mit Brandy Butter oder einer Sauce aus Eigelb, Zucker und Milch verzehrt.

Was ist noch völlig anders?
„Chips" sind keine Kartoffelchips, sondern Pommes frites. Das sollte man wissen – und sich dann nicht wundern, dass zum Nationalgericht „Fish 'n Chips" eben keine knusprigen Kartoffelchips, sondern meist labbrige Pommes gehören. Und letztere gibt es auch

niemals auf gut Deutsch in der Variante „rot-weiß" (also mit Ketchup und Mayonnaise), sondern – oh Graus! – mit Essig.

- In England gibt es das traditionelle Resteessen „Bubble &
  Squeak": Kartoffelbrei wird mit zerstampftem grünen Gemüse
  (gerne Kohl oder Rosenkohl) in einer Pfanne gebraten. Der Name
  kommt daher, weil die Zutaten beim Garen angeblich Blasen
  werfen und quietschende Geräusche machen.
- In Irland heißt dasselbe Gericht „Colcannon" und es hat ein
  paar Zutaten mehr: Zwiebeln, Lauch, Sahne oder Butter. Der
  englische Adel kennt das ebenfalls, noch aus den Zeiten, als man
  sich in Irland seine riesigen Landgüter hielt. Lords und Ladys
  verfeinerten das irische Gericht noch mit reichlich Ingwer.
- Typisch britisch ist die sogenannte Brown Sauce der Marke HP.
  Diese bekannteste Gewürzsauce ist eine Mixtur aus Ketchup und
  Barbequesauce – und für den mitteleuropäischen Magen eine
  Zumutung. Ebenso wie übrigens „Marmite", eine vegetarische
  Würzpaste, die es schon seit beinahe 110 Jahren gibt. Ob sie
  deshalb für unsere Gaumen geradezu abscheulich schmeckt? Der
  Brite jedenfalls schmiert sie sich mit Freude auf den Toast – mor-
  gens, mittags, abends – und verzehrt das Ganze mit Genuss.
  Und behauptet sogar, dass das Zeugs gegen Stechinsekten aller
  Art schützt. Wohl deshalb hat sich Marmite im gesamten Empire
  verbreitet und ist also bis Australien und Neuseeland beliebt.

Sie sehen: Die englische Küche bietet eine ganze Menge an
Gewöhnungsbedürftigem. Und wie gehen Sie damit um? Klar, dass
Sie – ganz britisch – cool bleiben und wenigstens mal probieren.
Es könnte ja sein, dass Sie Geschmack dran finden.

Italien: Land der Pasta – aber bitte nicht nur Nudeln!

Ein reichhaltiges Frühstück, wie Sie es bei uns vielleicht gewohnt sind und vor allem wie es die Engländer kennen, gibt es in
südlichen Ländern nicht. Ob in Italien, in Spanien oder Portugal
und auch in Frankreich: Hier trinkt man zu Hause meist nur einen
Kaffee und isst ein Stück Obst oder einen Keks dazu. Aber es ist
üblich, schnell auf dem Weg zur Arbeit in einer Bar einzukehren,
und dort – stets am Tresen, weniger im Sitzen! – einen „caffè"
(in Italien und Spanien) oder eine „bica" (in Portugal) sowie ein

süßes oder auch pikantes kleines Gebäck zu sich zu nehmen. Die Franzosen fallen da – natürlich! – ein bisschen aus dem Rahmen mit ihrer großen Schale Café au Lait (Milchkaffee), die auch noch in einer „Tasse" ohne Henkel („bol") serviert wird und in die man ein Croissant eintunkt. Letzteres „darf" man in Frankreich übrigens – auch in der Öffentlichkeit, also im Café.

Zurück zu den Italienern:
Wer in Italien zum Essen geht, sollte sich darauf einstellen, dass das keine Sache ist, die mal eben in einem Viertelstündchen abgehandelt ist. Es mag zwar den einen oder anderen Schnellimbiss geben, und natürlich hat McDonald's auch in Rom Fuß gefasst (und das direkt an der Spanischen Treppe!). Eigentlich aber ist für jeden Italiener jedes Essen ein Fest, und das sollten Sie würdigen. Der beinahe größte Benimmfehler, den Sie machen können, ist, einfach nur eine Pizza oder ein Nudelgericht zu bestellen. Das können Sie in Deutschland machen, und da wird Sie der Ober in einem gehobenen italienischen Restaurant mit hochgezogenen Augenbrauen betrachten.

Aber wenn Sie nur wenig Hunger haben?
Kein Problem: Es gibt nur wenige italienische Restaurants (auch in Deutschland, übrigens!), in denen Sie nicht eine halbe oder kleine Portion serviert bekommen. Das macht sich allemal besser, als in einem guten Restaurant lediglich und als einzigen Gang Pasta zu bestellen! Pasta ist nämlich stets nur der „primo", also der erste Gang, und ihm folgt das Hauptgericht, also Fleisch oder Fisch mit Gemüsebeilagen. Eigentlich gehört zu jedem Essen in Italien ein ganzes Menü mit mehreren Gängen (nicht „nur" in Italien – in Portugal und natürlich Frankreich ist's ebenso). Der Nachtisch darf nicht fehlen, und danach gibt es einen Espresso, abends oft noch einen Digestif. Dieser kleine Verdauungsschnaps heißt in Italien oft „amazzacaffè", was so viel bedeutet wie „Kaffeemörder": ein den Magen nach dem Kaffeegenuss beruhigender Likör (auf der Basis von Kräutern oder Zitrone). Oder man greift zum Grappa oder natürlich dem bekannten Anislikör Sambucca, der gerne „con mosca" („mit Fliege") serviert wird. Damit sind aber nicht etwa Insekten gemeint, sondern einige Kaffeebohnen. Sie werden zerbissen, und dann schlürft man genüsslich den Likör darüber.

Und noch ein paar Tipps:

- Es ist nicht ungewöhnlich, dass man zur Pasta auch noch Brot isst.

- Spaghetti essen nur kleine Kinder mit Gabel und Löffel. Ein italienischer Kellner wird Ihnen niemals automatisch beide Besteckteile reichen. Italiener rollen die langen Nudeln geschickt lediglich mit der Gabel auf; und sie schaffen es sogar, dass die Portion genau mundgerecht ist (und dass sich nicht, wie bei unsereinem, ein Riesenknäuel entwickelt, das man kaum in den Mund schieben kann).

- Absolut tabu ist es, Spaghetti oder jede andere Nudel, sei sie noch so lang und noch so unhandlich, mit dem Messer zu schneiden. Einfach abzubeißen, weil die Spaghetti eben allzu lange von der Gabel hängen, ist ebenfalls ein No-go. Damit benehmen Sie sich nicht nur total daneben, sondern Sie zeigen sofort, dass Sie Ausländer sind.

- Das zeigen Sie übrigens auch damit, dass Sie nach einem reichhaltigen Essen, vor allem abends, statt einem kleinen Espresso einen Cappuccino bestellen. Das macht kein Italiener, weil's einfach zu viel des Guten ist. Es gibt zwar keine solch strenge „Vorschrift" wie die für bayerische Weißwürste, die man ja bekanntlich nach 12 Uhr nicht mehr essen soll, Cappuccino wird jedoch in Italien eben eher zum Frühstück, maximal bis zur Mittagszeit und vor allem nicht nach einem reichhaltigen und mehrgängigen Menü getrunken.

- Wundern Sie sich nicht, wenn Ihnen der Kellner plötzlich ans Knie greift: Er will Sie nicht belästigen, sondern es gehört zur Dienstleistung für Sie als Gast, dass er Ihnen nach dem Essen die Serviette vom Schoß nimmt.

- Zu den für unsereinen fast undurchschaubaren Regeln beim Essen gehört es, dass Italiener instinktiv wissen, zu welchen Gerichten Käse passt, und vor allem: welcher Käse. Zu Fisch isst man prinzipiell keinen Parmesan. Natürlich gibt es Ausnahmen: Spaghetti mit Pilzen und Meeresfrüchten – dazu nimmt man Käse, zu einer Sauce mit Zucchini und Garnelen ebenfalls.

- Sie outen sich übrigens als absoluter Kenner der italienischen Küche, wenn Sie wissen, dass auf die „Pizza Margarita" als einzige Käsesorte und ausschließlich Mozzarella gehört. Alles andere geht gar nicht, und Sie werden höchst anerkennende Blicke ernten, wenn Sie eine solche Pizza zurückgehen lassen, weil anderer Käse drauf ist!

- Apropos Käse: Auf Sardinien gibt es eine ganz besondere Spezialität, die für uns eher ins Dschungelcamp passt: „Casu Marzu" muss vor dem „Genuss" so lange reifen, bis er vor Maden wimmelt. Ein echter Sarde isst die natürlich mit. Er hat vielleicht Verständnis dafür, dass Sie das nicht schaffen. Aber darauf verlassen sollten Sie sich nicht.
- Ein Italiener ist ohne ein Handy, sein heiß geliebtes „telefonino", einfach nicht denkbar. Und so ist es nicht nur nicht ungewöhnlich, sondern sogar „erlaubt", dass man im Restaurant telefoniert. Nicht erlaubt ist allerdings, dass das Telefon nicht auf stumm und Vibrationsalarm gestellt ist, sondern Sie sich laut und schrill anklingeln lassen.

Frankreich: Wo der liebe Gott genießt

Der liebe Gott in Frankreich darf alles. Er darf vor allem Dinge verzehren, die in anderen Teilen der Welt, vor allem Europas, mittlerweile mit einem Tabu belegt sind. Dazu gehören Froschschenkel und Singvögel, Austern, Schnecken oder Innereien, die bei uns eher als Hundefutter gelten. Wenn man der TV-Werbung glauben darf, sind allerdings selbst unsere Vierbeiner eher edles Futter aus der Dose gewohnt. Egal: Die Franzosen halten sich in Sachen Essen (und natürlich Trinken) für die absoluten Weltmeister. Sie vermeiden es daher besser, selbst nur in geringster Weise Kritik zu üben. Gute Manieren bei Tisch gehören einfach dazu, und wenn Sie die nicht haben, sind Sie unten durch. Wobei Sie das als Nicht-Franzose in Frankreich wahrscheinlich sowieso sind.

Nachdem die Franzosen die „große Küche" sozusagen erfunden haben (selbst wenn das beispielsweise die Italiener anders sehen!), legt man hier überall, in der Kantine, in der Mensa, selbst in der einfachsten Kneipe, Wert auf ein Menü mit mindestens drei Gängen. Hier die ungewöhnlichsten Regeln:

- Jeder Koch in Frankreich ist tödlich beleidigt, wenn Sie – und das macht man ja mal gern – ohne probiert zu haben, zu Salz- und Pfefferstreuer greifen.

- Kartoffeln gelten als Gemüse, nicht als Beilage. Und das Gemüse wird vor Fleisch oder Fisch serviert. Der Salat dagegen nach dem Hauptgang. Er ist also nicht wie bei uns eine Art Vorspeise.
- Es ist erlaubt, ja beinahe erwünscht, dass Sie das gebrochene (nicht abgeschnittene!) Stückchen Baguette dazu benutzen, um das Messer abzustreifen oder gar Sauce auf Ihrem Teller aufzutunken. Lediglich in gehobenen Restaurants lässt man das besser; überall sonst jedoch zeugt es davon, dass Sie ein Gourmet sind – und wenigstens dadurch werden Sie den Franzosen ein bisschen sympathisch.
- Früchte, die es als Dessert gibt, werden stets in mundgerechte Happen geschnitten. Und selbst ein gebratenes Hähnchen isst man niemals mit den Fingern, sondern mit Messer und Gabel.
- Einen guten Eindruck hinterlassen Sie, wenn Sie nicht brav den ganzen Teller leer essen, sondern einen kleinen „Anstandsrest" übrig lassen.
- Nach dem Essen ist natürlich Käse angesagt. Es zeugt nicht von feinem Benehmen oder guter Kinderstube, wenn Sie da „so richtig zulangen". Es wird nämlich fast immer eine Platte mit vielen Käsesorten angeboten. Davon nimmt man sich nicht von jedem ein Riesenstück, sondern maximal zwei oder drei kleine Stückchen. Insgesamt! Und man schneidet den Käse niemals an der Spitze an. Warum? Das ist ein Geheimnis, das die Franzosen bis jetzt nicht gelüftet haben.

Schweden: Wo sich selbst der Teufel ekelt

In Schweden gewöhnen Sie sich besser daran, dass Selbstbedienung in vielen Restaurants, gerade zur Mittagszeit, absolut üblich ist. Vielleicht kennen Sie's schon vom Einkaufsbummel bei Ikea. Dann wissen Sie, dass man seinen Tisch nach dem Essen aufräumt und nicht etwa das Tablett und darauf alles unordentlich hinterlässt. Man nutzt Angebote nicht schamlos aus: In vielen Restaurants gibt es ein Büfett, sowohl für Speisen wie für Getränke, und jeder Schwede weiß sich gar wohlerzogen zu bescheiden. Es ist unüblich, nach dem Essen noch lange sitzen zu bleiben und sich zu unterhalten. Das wird Ihnen vielleicht schwerfallen. Räumen Sie trotzdem Ihren Platz für den nächsten Gast.

Es gibt eine Spezialität in Schweden, die wohl wirklich nur die eingefleischtesten Einwohner dieses Landes zu sich nehmen können: Surströmming. Dieser „saure Strömling" ist eine vergorene Fischkonserve, die, man kann es nicht anders sagen, wohl selbst den Teufel zum Weinen bringt. Weil sie einfach nur – grauenerregend stinkt. So sehr, dass in Deutschland einer Mieterin fristlos gekündigt wurde, weil sie im Treppenhaus die Sauce dieser schwedischen Spezialität verteilt hatte. Das Gericht entschied, dass diese Kündigung rechtens sei; allerdings erst, nachdem während der Verhandlung bei der Beweisaufnahme eine Dose geöffnet worden war. Die Fluglinien British Airways und Air France haben absolutes Transportverbot für diese Spezialität erlassen – wegen Explosionsgefahr.

Es soll sogar Schweden geben, die es nicht schaffen, Surströmming zu essen. Allerdings gibt es eine ganze Menge Schweden, die es schaffen – gerne mit gekochten Kartoffeln und rohen roten Zwiebelscheiben auf einem weichen Butterbrot, das dann zusammengerollt gegessen wird. Dazu trinkt man Milch – und allein diese Mischung ist der Härtetest! Sie beweisen, dass Sie sich auskennen, wenn Sie die Surströmming-Dose in einem Bottich unter Wasser und natürlich an der frischen Luft aufmachen. Man genießt diese schwedische Spezialität niemals in geschlossenen Räumen!

Und sonst in Europa?

- In Island gibt es ebenfalls merkwürdige Essgewohnheiten: Hákarl (gesprochen: „Haukartl") besteht aus dem fermentierten (das heißt auf gut Deutsch: vergammelten) Fleisch des Grönland-Hais, das ohne Behandlung komplett ungenießbar wäre. Traditionell dauert die Zubereitung mehrere Monate – vom Säubern und Entgräten über das Eingraben in Kies und danach Aufhängen und Trocknen. Geruch und Geschmack lösen bei Nicht-Isländern Ekelgefühle aus. Und auch so mancher Einwohner der Insel soll nicht allzu sehr in Begeisterungsstürme verfallen, wenn er das essen soll. Vielleicht mag er ja dann lieber Gammelrochen: Dieses isländische Weihnachtsgericht wird traditionell am 23. Dezember verzehrt. Allerdings wird es wie der Hákarl monatelang

„zubereitet". Wer das nicht mag, hat in diesem Fall Pech: Weihnachtlichen Familientraditionen entkommt man überall auf der Welt nur schwer! Gerne isst man auf Island außerdem in einem Schafsmagen gekochte Innereien vom Schaf (das gleicht dem von Alt-Bundeskanzler Kohl so heiß geliebten Pfälzer Saumagen), in Molke eingelegte Hammelhoden oder abgesengte, gekochte Schafsköpfe. Vielleicht kriegt man das alles ja runter, wenn man dazu, spätestens aber danach Brennivín trinkt. Das ist der isländische Kartoffelschnaps.

- In Norwegen werden Tierköpfe meist im Ganzen geräuchert und mit Haut, aber wenigstens ohne Fell, gegessen. Als besondere Delikatesse schätzt der Norweger davon Zunge und Augen. Stirn- und Wangenfleisch sollen ebenfalls besonders schmackhaft sein.

- In Russland müssen Sie gute Kondition mitbringen – nicht nur zum Trinken. Ihr russischer Gastgeber wird nämlich auftischen, was Küche und Keller nur hergeben. Hüten Sie sich davor, den Teller leer zu essen. Das bedeutet nämlich nichts anderes, als dass man Ihnen sofort nachschenkt. Leerer Teller am Platz des Gastes heißt in Russland: Der Gast ist noch nicht satt. Außerdem sollten Sie bitte von jedem Gericht wenigstens probieren – auch wenn Sie schon pappsatt sind. Alles andere würde die Dame des Hauses nämlich höchst übel nehmen.

- In Griechenland werden Ehrengästen ganz spezielle Delikatessen angeboten: etwa Schafshoden oder -augen. Keine Angst: Sie bekommen keinen ganzen Teller voller Augen serviert, von denen Sie sich angestarrt fühlen müssten, bevor Sie hoffentlich herzhaft zugreifen. Es ist eher so, dass man vor Ihnen eine Platte abstellt, mit einem ganzen Schafskopf drauf, und den gekocht. Dazu überreicht man Ihnen ein scharfes, spitzes Messer. Auf dass Sie sich die leckeren Augen selbst herauspulen ...

- In Portugal und anderen Ländern am Atlantik und Mittelmeer sind Tintenfische, die in ihrer eigenen Tinte gekocht wurden, eine Delikatesse. Alles Geschmackssache! In Portugal wird auch anderes in Blut gekocht und dann mit Reis serviert: Neunauge (ein Fisch) und Hühnchen. Und das ist nicht nur Hausmannskost, sondern das gibt es, vor allem im Norden des Landes, in vielen Restaurants. Mal probieren? Es schmeckt gar nicht so übel. Die Leute aus der Gegend von Porto nennt man übrigens auch

„tripeiros" („Kaldaunenfresser"), weil hier Kutteln zur beliebten Hausmannskost gehören – noch so eine Sache, die bei uns eher als Hundefutter gilt ...

- In Spanien gehört es zum guten Ton, immer dem ältesten männlichen Gast zuerst zu servieren – nix da mit „ladys first", selbst wenn eine Dame die älteste in der Runde ist.

- In Kroatien, das ja als Urlaubsland durchaus beliebt ist, fängt man in den Wäldern gerne den Siebenschläfer und bereitet ihn als Spießbraten zu. Das gibt es vielleicht selten im Lokal, aber es kann Ihnen durchaus passieren, dass Sie bei einer privaten Einladung Siebenschläfer bekommen. Schmecken soll das Ganze ein bisschen wie Kaninchen – und wenn Sie es vorher nicht so ganz genau wissen, ist es vielleicht gar nicht so schlimm.

- In Ungarn neigt man wie in manch anderem Land (und das nicht nur in Skandinavien!) dazu, der alten Weisheit zu huldigen, ja „nichts verkommen" zu lassen. Also gilt auch hier: Verzehr möglichst alles von einem Tier! Während man im Norden Europas Schafsköpfe bis auf den letzten Rest Fleisch und Haut abnagt und gerade mal auf die Fellhaare verzichtet, sind es bei den Ungarn die Schweine, die bis auf das letzte Fitzelchen vertilgt werden: Schweinekopf und vor allem -füße gelten als Delikatesse, sie werden gepökelt und gerne mal in der Suppe mitgekocht. Ist alles gut durchgegart, nagt man das Fleisch genüsslich vom Gebein ab. Wohl bekomm's!

Merkwürdigkeiten in Übersee, Australien und Neuseeland

Verlassen wir Europa, begeben wir uns in entferntere Gefilde. Sie meinen, in den USA kämen Sie gut klar? Das könnte ein Irrtum sein! Hier ist bei Tisch (und nicht nur da) so manches anders, als Sie ahnen.

USA – das Land der unbegrenzten Möglichkeiten

Wissen Sie, was „Zigzag Eating" ist? Nein? Dann lernen Sie es noch schnell, bevor Sie den nächsten Urlaub in den Vereinigten

Staaten starten. Selbst wenn Sie in Europa perfekt mit Messer und Gabel umgehen können – in den USA nutzt Ihnen das gar nichts. Hier isst man formvollendet und manierlich so:

• Man hält die Gabel in der Linken, das Messer in der Rechten.
• Ein Stück Fleisch wird abgeschnitten.
• Dann legt man das Messer ab.
• Man wechselt die Gabel in die rechte Hand und isst den Happen.
• Nun kommt die Gabel wieder in die Linke, man greift erneut zum Messer und beginnt von vorne.

Jetzt ist Ihnen sicher klar geworden, warum man hierbei von „Zick-zackessen" spricht.

Man schnippelt also jeden Bissen einzeln. Sie können jedoch durchaus beobachten, dass erst mal alles zerkleinert wird und Ihr amerikanischer Essenspartner erst dann seine Gabel in die rechte Hand wechselt und das vorher Kleingeschnittene ordentlich aufisst – wie man es bei uns auf dem Kinderteller macht. Die linke Hand bleibt übrigens nicht locker neben dem Teller auf dem Tisch liegen, sondern wird unterm Tisch auf den Schoß gelegt. Gerüchte besagen, angeblich hatte man früher in der Linken den Revolver schussbereit – im Wilden Westen. Warum sich diese Benimmre-gel allerdings dann im ganzen Land verbreitet hat und heute als „typisch amerikanisch" gilt – darüber schweigt des Sängers bzw. Essers Höflichkeit. Und was machten all jene Revolverhelden, deren Schusshand nicht die linke war? Fragen über Fragen …

„Enjoy your meal", sagt der Ober oder die Kellnerin. Und das war es dann schon. „Guten Appetit" zu wünschen, ist untereinander bei Tisch nicht üblich. Ob Restaurant oder Fast-Food-Lokal: In den USA macht das lediglich die Bedienung. In Privathaushalten wird übrigens durchaus gar nicht mal so selten vor dem Essen intensiv und inbrünstig gebetet. Das respektieren Sie selbstverständlich, selbst wenn Sie Heide sind und mit Beten nichts am Hut haben. Oder wenn Sie einem anderen Glauben angehören als Ihre Gast-geber.

- In Kanada kann es Ihnen, vor allem hoch im Norden, bei den Inuit (die man früher Eskimos nannte), durchaus passieren, dass Sie rohes Robben- oder sogar einen Streifen Walfleisch angeboten bekommen. Das schmeckt zwar – sagen Experten – etwas tranig, aber es ist genießbar. Um Ihren Gastgeber nicht zu beleidigen, greifen Sie lieber zu. Probieren kann man bekanntlich alles – vielleicht entdecken Sie ja sogar eine neue Lieblingsspeise. Robbenflossen übrigens werden eher als eine Art Gulasch oder Auflauf zubereitet.

- In Uruguay ist es üblich, das Nationalgericht, natürlich gegrilltes Fleisch, im Ganzen – und das ist hier wörtlich gemeint! – übers Feuer zu hängen: mit Haut und Haaren nämlich. Vom Geruch mal abgesehen, ist es danach gar nicht so leicht, ans leckere Steak zu kommen. Der Ledermantel soll ziemlich zäh sein. Das Gericht nennt sich übrigens – damit Sie gleich Bescheid wissen, wenn Sie in Uruguay unterwegs sind – „Asado con cuero".

- In Mexiko und einigen anderen Regionen Südamerikas gehören Insekten auf den Speiseplan: frittierte Grashüpfer etwa, die man mit Pfeffer würzt und dann à la Tequila mit Salz und Zitrone verspeist. Eidechsen und Geckos („Iguanas") verzehrt der Mexikaner gern – gegrillt, gekocht oder gebraten.

- In Venezuela kennt man einen ähnlichen Trick, wie die bayerischen Mönche ihn in der Fastenzeit benutzten. Da darf man bekanntlich kein Fleisch essen. Die Mönche erfanden den „Leberkäs" – und die Katholiken in Venezuela behaupten schlicht und ergreifend: Schildkröte und Wasserschwein – das sind doch Fische! Es gibt allerdings keine Regeln, ob man dieses Getier mit dem entsprechenden Fischmesser zerteilt ...

- In den USA gibt es mittlerweile mit Schokolade überzogene Ameisen, kandierte Babybienen oder kurz angebratene Mehlwürmer. Von Elvis Presley wird berichtet, dass er in seiner Jugend Eichhörnchen gefangen und verspeist haben soll – die Presleys waren ja mal arme Leute. Im Süden der Vereinigten Staaten kommen die Tierchen immer noch in den Kochtopf – und das Hirn gilt als besondere Delikatesse, deren Geschmack ein wenig an Pilze erinnern soll.

Nun haben Sie sich mal nicht so – Insekten sind das Nahrungsmittel der Zukunft. Der Kochbuch-Autor David George Gordon stellt in seinem „The-Eat-A-Bug"-Rezepte-Bestseller eine ganze Reihe von leckeren Gerichten mit den vielbeinigen Krabblern vor – etwa einen „Drei-Bienen-Salat". Oder wie wäre es mit einem Skorpionschnitzel? Ein Eintopf aus Termiten in Curry gehört zu seinen bevorzugten Rezepten. Er behauptet, dass man weltweit bis jetzt immerhin weit mehr als 1.400 essbare Insekten kennt. Auch in Afrika und Australien übrigens.

Am anderen Ende der Welt: Neuseeland und Australien

- In Australien kommen naturgemäß ganz andere Dinge auf den Tisch als bei uns in Europa: Straußenfleisch kennt man ja bei uns mittlerweile auch, und es schmeckt lecker. Aber haben Sie schon mal Känguru oder Krokodil probiert? Gerne wird das „Down Under" gekocht oder gebraten serviert. Wer es allerdings noch exotischer möchte, sollte auf die Küche der Ureinwohner zurückgreifen: Da gibt es leckere Ameiseneier oder Riesenlarven, die durchaus ein paar Zentimeter groß sind. Auch hier gilt: Das Dschungelcamp lässt grüßen!

- Bei den Maoris, und es kann ja durchaus sein, dass Sie bei Ihrem Neuseelandaufenthalt da mal vorbeischauen, gibt es eine leckere Delikatesse, die ein bisschen nach Erdnuss schmeckt (sagen diejenigen, die es geschafft haben, das zu probieren): die Huhu-Larve, eine dicke fette Made. Aber vielleicht probieren Sie – jetzt mal ernsthaft! – doch eher ein „hangi": Das sind Mahlzeiten, die im Erdofen gegart werden. Alle Speisen – Fleisch, darauf Kartoffeln (oft Süßkartoffeln) und Gemüse darüber – werden stapelweise in geflochtene Flachskörbe gepackt und dann in einem Erdloch langsam für etwa drei Stunden gegart. Ein ziemlicher Aufwand und von daher für Sie als Gast eine große Ehrenbezeugung!

- In Neuseeland gilt als nationales Kulturgut eine Süßspeise: die Pavlova. Eine Torte aus Eiweißschnee, gefüllt mit Sahne und frischen Früchten. Vorsicht allerdings, wenn Sie mit diesem Dessert in Australien punkten wollen: Die Australier sind fest überzeugt davon, dass sie diese Leckerei „erfunden" haben. „Bring a plate" bedeutet nicht, dass Sie Ihren eigenen Teller mitbringen oder etwa der Gastgeber knapp an Geschirr ist. Sondern es heißt vielmehr, dass Sie zum allgemeinen Essen beisteuern. Bringen Sie also etwas Leckeres mit – und wenn Sie ganz perfekt sein wollen, fragen Sie vorher nach, was vielleicht noch fehlt oder erkundigen Sie sich nach besonderen Spezialitäten. Echte „Kultspeisen" sind in Neuseeland Spaghetti auf Toast und Marmite (siehe oben) – das muss man mögen, und wenn nicht, spricht man nicht drüber. Sie als Gast halten sich also am besten zurück, wenn Sie dieser Würzpaste so ganz und gar nichts abgewinnen können. Oder wenn Sie das Grausen überkommt bei weichen (absolut nicht al dente gekochten) Spaghetti auf durchgeweichtem Röstbrot.

Fremdes in Fernost

Das Essen mit Stäbchen sollte man als Besucher Asiens beherrschen. Üben können Sie ja mal im nächsten China-Restaurant. Im Internet finden Sie genaue Anleitungen – genauso wie auf der Papierverpackung, in denen Ihnen die Stäbchen im Lokal gebracht werden. Was müssen Sie noch wissen, um formvollendet mit Stäbchen zu speisen? Achten Sie vor allem auf Folgendes:

- In China und Japan, überhaupt allen Ländern, in denen man mit Stäbchen isst: Stecken Sie niemals die Essstäbchen senkrecht in die Reisschüssel.
- Klappern Sie nicht – wenn Sie vielleicht gelangweilt aufs Essen warten – damit gegen Schüssel, Teller oder Glas. Das ist kein Zeichen dafür, dass an Ihnen ein toller Drummer verloren gegangen ist. Sondern man versteht das als Zeichen für Bettelei. Okay – unter dem Aspekt, dass so manch ein Musiker bzw. Drummer Hungerleider ist, wäre es denn okay.
- Man nimmt die Stäbchen nicht dazu her, Platten und Schüsseln auf dem Tisch herum zu schieben.
- Man fuchtelt nicht mit ihnen herum (das tun Sie mit Ihrem Besteck, also Messer und Gabel, ja hoffentlich auch nicht!)
- Man deutet nicht mit den Stäbchen auf andere und spießt niemals mit einem einzelnen Stäbchen größere Happen auf!

- Um Speisen weiterzureichen, gibt es Vorlegestäbchen – bitte niemals die eigenen dazu benutzen! Natürlich nimmt man die Vorlegestäbchen vor allem dazu her, um aus dem Speisenangebot auf dem Rondell leckere Happen in die eigene Essschale zu befördern. Trotzdem bitte niemals mit den eigenen in gemeinsame Platten langen!
- Wenn Sie bei einem großen Essen mal Pause machen, legen Sie die „Chop Sticks" ab: mit der breiten Seite auf dem Tisch und der Mundseite auf Teller oder Schale. In vielen Restaurants gibt es extra Bänkchen für die Stäbchen, ähnlich wie unsere Messerbänkchen.
- Sie sind fertig? Legen Sie die Stäbchen nebeneinander auf die eigene Reisschale. Nicht überkreuzen – „das tut man nicht".

China: Im Reich der Mitte isst man praktisch alles

Man hört ja so allerlei: Hund und Schlange, Ratten und Affenhirn, Schwalbennester oder kleine frittierte Happen aus Quallen – den Chinesen sagt man nicht umsonst nach, dass sie alles essen, „was vier Beine hat – außer Tische und alles was fliegt – außer Flugzeugen." Zumindest behauptet man das innerhalb des Reichs der Mitte von den Kantonesen. Wie viel davon wahr ist, und was Sie als Besucher wirklich mitbekommen – das ist eine ganz andere Sache. Wir können Ihnen nur empfehlen: Besuchen Sie mal einen chinesischen Markt. Ob auf dem Dorf oder in einer Großstadt wie Hongkong oder Schanghai. Sie werden staunen, was es da so alles im Angebot gibt. Frösche und Schlangen – natürlich lebend und damit frisch – sind beispielsweise der Normalfall. Die berühmten „tausendjährigen Eier" (Sung Hwa Dan) dagegen gibt es nicht in jedem Restaurant oder als alltägliches Essen. Die „Kiefernblumeneier", wie man sie in China auch nennt, werden viele Wochen in Kiefernnadelasche und Limettensaft aufbewahrt und sind ebenfalls eine berühmte Spezialität.

Chinesen essen wirklich gerne und sie essen wirklich beinahe alles. Übrigens schon beim Frühstück: Glauben Sie bitte nicht, dass Sie lediglich ein „kontinentales" oder ein englisches Frühstück bekommen. Okay, im Hotel wird das sicher angeboten. Aber ein original chinesisches Frühstück sieht völlig anders aus: Da gibt es im Dampf in einem Bambuskorb gegarte Teigtaschen (Dim Sum), die mit allem Möglichen gefüllt sind. Da gibt es gebratene Nudeln, Suppen, in Sud gegarte Eier, da gibt es Scharfes, Mildes, Süßsaures – am besten probieren Sie überall ein Häppchen, und Sie werden schnell feststellen (mir ging es jedenfalls in Hongkong so), dass man sich an diese Vielfalt am Frühstücksbüfett durchaus gewöhnen kann …

- Bei Tisch ist es in China durchaus üblich, während des Essens zu rauchen – und nachdem Sie in diesem Land zu Gast sind, sollten Sie davon Abstand nehmen, auf Ihren Status als Nichtraucher zu pochen. Man kann erleben, dass jemand in der rechten Hand die Stäbchen hält und isst, in der linken aber eine brennende Zigarette hat.

- Es gibt nicht für jeden ein einzelnes Gericht. Sondern in der Mitte der Tafel (an einem langen Tisch für jeweils eine Gruppe von Gästen) steht ein Rondell, auf dem die unterschiedlichsten Speisen platziert sind. Jeder greift zu, was immer er möchte, achtet aber peinlichst darauf, dass der Ehrengast zuerst und vor allem die beste Delikatesse bekommt. Das kann natürlich, bei all den ungewöhnlichen Gerichten, für einen Europäer ein wenig schwierig werden …

- Chinesen haben keinerlei Hemmungen, einen edlen Rotwein mit Cola zu mischen. Sie müssen das nicht tun oder vortäuschen, dass das was ganz Tolles sei. Aber Sie sollten nicht lautstark drüber lästern.

- Schmatzen und Schlürfen ist erlaubt – und gerade in China hält man die kleine Schüssel mit Suppe direkt an den Mund, schlürft und schaufelt mittels der Stäbchen größere Happen in den Mund. Bitte glauben Sie nicht, dass Sie sich mit Geräuschen bei Tisch besonders hervortun müssen. Das kommt bei Ihren chinesischen Gastgebern nicht unbedingt gut an. Könnte gut sein, dass man das als Nachäffen empfindet – und damit haben nicht nur Sie, sondern auch der chinesische Gastgeber sein Gesicht verloren.

- Apropos Suppen: Sie werden in China stets „getrunken", also geschlürft, und nicht mit dem Löffel gegessen. Der Porzellanlöffel, den Sie in unseren deutschen China-Restaurants bekommen, ist im Reich der Mitte selbst nicht unbedingt üblich. Das ist eher ein Zugeständnis an die weißen „Langnasen".

- Vorsicht, wenn Ihnen – etwa wegen einer besonders heißen oder scharfen Speise – plötzlich die Nase läuft: Schnäuzen bei Tisch ist absolut tabu! Das müssen Sie dann bitte schon draußen erledigen.
- Seien Sie nicht überrascht, wenn bei Geflügel und anderem Fleisch noch Knochen enthalten sind. Das gehört in China dazu und es ist Ihr Job, den Happen so sicher mit den Stäbchen balancieren zu können, dass Sie alles gut abnagen können.
- Lassen Sie am Ende des Essens stets ein bisschen auf dem Teller zurück. Ein völlig leer gegessener Teller zeigt dem Gastgeber nämlich an, dass er nicht genug Essen auf den Tisch gebracht hat.
- In Hongkong vermeiden Sie es besser, alleine essen zu gehen. Für einen Chinesen ist das nämlich schlicht und ergreifend undenkbar. Man würde Sie bedauern, weil Sie alleine essen müssen und weder Freunde, Kollegen noch Familie haben, die Ihnen Gesellschaft leisten.

Japan – Land der aufgehenden Sonne

Es gibt kleine Unterschiede zwischen chinesischen und japanischen Essstäbchen: Die japanischen laufen etwas spitzer zu, und sie sind kürzer. Die Regeln, wie man mit ihnen jedoch formvollendet isst, sind dieselben. In Japan ist es allerdings üblich, dass man weniger von einem Rondell speist. Sondern jeder Gast bekommt einen Teller oder eine Platte angeboten, von der man sich ein paar Happen nimmt. Man darf hier zum Herausnehmen die eigenen Stäbchen verwenden – aber bitte nicht die Seite, mit der Sie essen, sondern die andere.

- Schlürfen und Schmatzen ist hier, im Gegensatz zu China, eher unüblich. Verwechseln Sie das bitte nicht – sonst sind Sie bei Ihren japanischen Gastgebern gleich unten durch! Wenn überhaupt geräuschvoll gegessen wird, gilt: Männer dürfen schlürfen, Frauen nicht. Pochen Sie nicht auf die Gleichberechtigung.

- Reis gilt als Speise der Götter. Alles andere ist ihr deshalb untergeordnet, und man bemüht sich, die Schale mit Reis besonders elegant zum Mund zu führen: nämlich wie zum Tragen eines Tabletts mit gespreizten Fingern. Wenn Sie einem anderen die Schale reichen, tun Sie das mit beiden Händen. Noch ein kleiner Tipp: Ihre gute Kinderstube beweisen Sie, wenn Sie Reis nicht mit Sojasauce beträufeln!
- Beim gemeinsamen Essen achten Sie darauf, dass Sie nicht vor Ihrem Gastgeber fertig sind: Das wäre eine grobe Unhöflichkeit.
- Im Sushi-Restaurant gibt es „Essen vom Fließband". Die Teller haben unterschiedliche Farben, und je nach Farbe zahlen Sie einen anderen Preis. Sie können essen, so viel Sie wollen – aber kommen Sie bitte nicht auf die Idee, die Rechnung dann peinlichst genau nachzukontrollieren. Zeigen Sie ein bisschen Vertrauen – alles andere würde nämlich heißen: Sie unterstellen dem Kassierer, er würde Sie betrügen wollen. Einen größeren Fauxpas könnten Sie kaum begehen!
- Ihnen wird nahegelegt, mal Funazushi zu probieren? Vorsicht Falle: Was für Japaner als Delikatesse gilt, ist's für europäische Gaumen ganz und gar nicht. Es handelt sich nämlich schlicht um – Sie werden es schon ahnen! – vergammelten, das heißt fermentierten Fisch. Mindestens ein paar Jahre alt soll er sein – erst ein Jahr wie Sauerkraut eingelegt, dann zwei bis drei Jahre vergoren in Reis (der jährlich gewechselt wird). Serviert wird das Ganze danach als Suppenzutat, in grünem Tee gekocht oder in Teig als Tempura ausgebacken. Bekommen Sie schon Appetit?
- Vom Kugelfisch Fugu haben Sie bestimmt schon gehört. Die Zubereitung ist äußerst schwierig, und deshalb muss ein japanischer Koch, der dieses Lebensmittel zubereiten will, eine spezielle Lizenz haben. Lediglich das ungiftige Filet des Fisches wird zubereitet – als rohes Sashimi, aber auch frittiert oder gekocht in Suppe. Seit den Köchen für die Zubereitung des Kugelfischs eine spezielle Lizenz abverlangt wird, ist die Zahl der Toten von mehreren hundert pro Jahr nämlich auf null gesunken. Heutzutage sterben an Fugu Jahr für Jahr nur noch etwa fünf Japaner, meist Privatleute, die sich eben durch den Genuss des Fisches einen Kick verschaffen wollen und nicht genau wissen, wie man

ihn zubereitet. Kleines Kuriosum am Rande: Fugu ist das einzige Nahrungsmittel, das keinem Mitglied der japanischen Kaiserfamilie serviert werden darf.

Was es sonst noch zu beachten gibt

- In Korea gilt es als unhöflich, sich beim Essen zu unterhalten. Alle Beteiligten widmen ihre ganze Aufmerksamkeit dem kulinarischen Genuss. Also: Mund halten und essen. Man serviert nicht jedem Gast einzeln, sondern jeder bedient sich selbst. Viele Speisen stehen auf dem Tisch. Sie haben also die Chance, sich genau das herauszusuchen, was Ihnen zusagt (und Ungewohntes oder allzu Exotisches liegen zu lassen). Reis und Suppe werden in Korea mit dem Löffel gegessen, alles andere mit Stäbchen. Wundern Sie sich nicht, wenn bei Tisch eine Schere zum Einsatz kommt: Damit werden – meist von der Bedienung – größere Essensteile in mundgerechte Portionen zerkleinert. In Korea dürfen Sie schlürfen und schmatzen, und hier ist es durchaus üblich, nach dem Essen noch sitzen zu bleiben und in gemütlicher Runde zu trinken.

- In Vietnam kann es Ihnen passieren, dass der Gastgeber einen besonders leckeren Bissen von seinem Teller in Ihre Essschale legt. Bedanken Sie sich – und fragen Sie freundlich nach, um welch besondere Spezialität es sich denn handelt. Rülpsen und vor allem der ausgiebige Gebrauch von Zahnstochern sind hier direkt am Tisch absolut üblich.

- In Thailand, Vietnam, Malaysia, Indonesien, ja fast im gesamten südostasiatischen Raum bis nach Australien kennt man eine Frucht, die mit äußerster Vorsicht zu genießen ist. Die Durian (das kommt vom malaiischen Wort für Stachel oder Dorn) nennt man anderswo auf der Welt schlicht und ergreifend „Stinkefrucht". Sie werden schnell merken, aus welchem Grund. Außer Sie haben die Chance, eine Durian erntefrisch sozusagen vom allerdings 40 Meter hohen Baum zu pflücken bzw. zu schütteln. In diesem Fall, sagt man, schmeckt sie sehr gut, und zwar nach Vanillepudding. Und sie stinkt auch nicht. In allen anderen Fällen – und das ist leider eben der Normalfall – entwickelt sie jedoch innerhalb nur weniger Tage einen Geruch und vor allem Geschmack, der an faule Eier oder sogar Terpentin denken lässt. Kein Wunder, dass man die Durian weder ins Hotelzimmer mitnehmen (üblicherweise zahlt man als „Strafe" eine weitere Woche Aufenthalt nach dem Auschecken) noch in Bus, Bahn, Metro oder Flugzeug transportieren darf …

- In Kambodscha, Laos und Thailand gibt es eine Spezialität, die uns eklig vorkommt: „Pla Raa" ist thailändisch und bedeutet (wieder mal – wie könnte es anders sein!) auf Deutsch so viel wie „verrotteter Fisch". Er wird geschuppt, Kopf und Innereien werden entfernt, und dann wird er ganz oder in Stücken mit Salz vermischt. Nach einigen Tagen verpackt man das Ganze zusammen mit gekochtem Reis und Früchten in spezielle Tonbehälter und lässt es mehrere Monate reifen. Das Ergebnis kann man pur genießen, etwa als Zutat zu vielerlei Gerichten. Oder man verwendet es zur Herstellung von Fischsauce.

- In Indonesien kennt man eine besondere Knabberei: gebratene Affenfinger. Erinnert doch irgendwie an Chicken Wings – oder nicht?! Geräucherte Flughunde und Fledermäuse soll es hier auch überall geben …

- In Kambodscha erfreut man sich an leckeren Spinnen – und zwar nicht kleinen, sondern wahren Ungetümen. Enthaart und frittiert werden sie als Snack angeboten, gerne in Bananenblätter gewickelt.

- In Thailand sitzt man beim Essen gerne auf dem Boden. Achtung Benimmfalle: Männer tun das im Schneidersitz, Frauen dagegen setzen sich so, dass die Beine seitlich nach hinten abgewinkelt sind. Klingt unbequem und ist es auch. Da müssen Sie aber durch: Man setzt sich dennoch niemals mit ausgestreckten Beinen hin! Im Land des Lächelns isst man normalerweise nicht mit Stäbchen. Man hat Löffel und Gabel, Messer sind eher ungewöhnlich. Der Löffel ist in der rechten Hand, die Gabel in der linken – und sie wird wie bei uns das Messer verwendet: also zum Zerteilen größerer Happen und dazu, das Essen auf den Löffel zu schieben. Reis wird gerne mit den Fingern gegessen: Man formt mit drei Fingern (Daumen, Ring- und Zeigefinger) ein Reisbällchen, das man dann in den Mund steckt.

Wo man mit den Händen isst

In vielen asiatischen und auch arabischen Ländern verzichtet man ganz und gar auf Besteck. Man isst mit den Werkzeugen, die jeder immer bei sich hat: mit den Händen. Vor dem Essen wäscht man sich stets die Hände, dennoch benutzen Sie bitte immer nur eine Hand: Überall ist es üblich, nur mit der rechten Hand zuzugreifen. Die Linke gilt als unrein – unter anderem deshalb, weil man sie zur Körperreinigung (Sie wissen schon …) benutzt.

- In Indien kennt man ein Sprichwort: „Essen mit Messer, Gabel und Löffel ist wie die Liebe über einen Dolmetscher" – deshalb isst man hier mit der Hand – stets der rechten. Die linke Hand bleibt grundsätzlich unter dem Tisch. In der „größten Demokratie der Welt" isst man übrigens wahrlich nicht nur Reis: Sie sitzen an der Hotelbar und wundern sich, wieso der Boden mit Nüssen übersät ist? Tja, das liegt dann sicher daran, dass sich ein anderer Hotelgast besonders mit einer Sitte vertraut machen wollte, die auf dem Subkontinent gang und gäbe ist: Nüsse wirft man sich am besten in den Mund, aus etwa 30 cm Entfernung. Denn: Dem Inder gilt der Speichel als unrein. Wenn man also Nüsse mit den Fingern in den Mund schiebt, wird die Hand unrein. Deswegen trinkt man natürlich niemals – wie so mancher vielleicht im bayerischen Biergarten – aus einem fremden Glas. In ländlichen Regionen wird oft von Bananenblättern statt Tellern gegessen. Und nach dem Essen gibt es zur Verdauung keinen Schnaps, sondern als Digestif „Pan" – ein Blatt Betel mit Gewürzen drauf. Rülpsen gehört in Indien zum guten Ton – man tut es laut und ohne die geringsten Hemmungen.

- Im Jemen trifft man sich zum geselligen Beisammensein und tut das häufig unter dem Quatstrauch. Das ist praktisch, denn dessen junge Blätter kann man kauen, dann im Mund in der Backentasche sammeln und erlebt so intensivst ihre berauschende Wirkung.

- In arabischen Ländern isst man ausschließlich mit der rechten Hand. Stücke von Brot ersetzen sozusagen das Besteck. Schieben Sie sich mit einem Stückchen Brot die Speisen so zurecht, dass Sie sie gut mit den Fingern aufnehmen können. Dazu verwenden Sie bitte stets ein neues Stückchen Brot – man dippt dasselbe nie zweimal in die Speisen, vor allem nicht, wenn man davon abgebissen hat. Männer und Frauen essen getrennt, gerade in konservativen Familien. Die Gastfreundschaft ist heilig, und deshalb wird man Sie stets auffordern, nochmals zuzugreifen. Es gehört zwar zu den Benimmregeln, sich ein wenig zu zieren, aber mindestens einen Nachschlag sollten Sie sich gönnen. Alles andere wäre unhöflich, und wenn Sie wirklich satt sind, lassen Sie einen kleinen Rest auf dem Teller – und lehnen dann den Nachschlag dreimal freundlich ab. Erst dann wird man akzeptieren, dass Sie wirklich nicht mehr können. Kleiner Tipp zur Suppe: Arabische Überlieferungen behaupten, Fliegen brächten Gift und Gegengift ins Haus. Fällt also eine Fliege in die Suppe, muss man sie, bevor man sie entfernt, ganz eintauchen, damit sich beides neutralisiert.

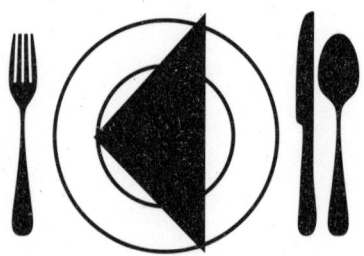

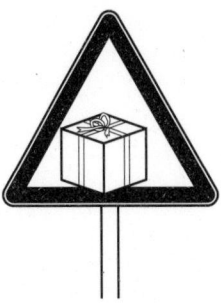

Kapitel 3

Kleine Geschenke für große Ziele

Von der Kunst, mit kleinen Gaben alles zu erreichen

Japaner sind die echten Weltmeister in Sachen Geschenke. Gar nicht mal unbedingt damit, was sie schenken. Und auch nicht unbedingt darin, dass sie Geschenke „benutzen", sozusagen als „Eintrittsgeld" oder gar als Bestechung. Sie sind absolute Champions – in Sachen Verpackung.

In Japan wird alles verpackt – und zwar mit so viel Liebe und Kunstfertigkeit, als handelte es sich um immerwährende Kostbarkeiten. Und nicht um Verbrauchsgüter. Selbst wenn Sie nur eine Melone kaufen (die hier übrigens sauteuer sein kann) – alles wird hübsch und originell und sorgfältigst eingewickelt: Erst kommt ein wenig durchsichtiges Zellophan drum rum, dann buntes Papier, am Schluss noch ein kunstvolles Origami-Werk – man mag's kaum öffnen, aus Angst, das Verpackungskunstwerk zu zerstören. Wenn man da an die doch eher lieblose Verpackung in Geschenkpapier mit Firmenlogo denkt, die beispielsweise in unseren großen Kaufhäusern kurz vor Weihnachten angeboten wird. Da reißt selbst eine scheinbar kunstvolle Schleife nichts mehr raus!

Selbst wenn Sie sich ein wenig Sushi oder sogar Fast-Food für unterwegs mitnehmen: In Japan gleicht jede Lunchbox einem Kunstwerk. Speisen legt man gerne in Bambus- oder Holzkästchen. Oder auf ein kleines, lackiertes Holztablett. Und natürlich wird das verpackt – mit besonders verziertem Papier, gefalteten Origami-Blüten oder Origami-Tieren. Oder in einem Stück Stoff. Es gibt sogar eine traditionelle Verpackungsart mit Textilien: „Furoshiki" heißt sie. Dabei wird das Geschenk äußerst kunstvoll in ein (Seiden-)Tuch verpackt. Klar, dass Sie da als Fremder keine Chance haben. So schön und edel können Sie Ihr Geschenk gar nicht einhüllen. Jeder Japaner wird es einfach besser können. Wenn Sie also bereits in Japan weilen und erst jetzt Geschenke einkaufen: Lassen Sie alles im Geschäft verpacken. Damit sind Sie auf der sicheren Seite. Und was sollten Sie noch beherzigen, wenn Ihr Weg Sie in den fernen Osten führt?

Kleine Tipps für Asien

Sie wissen ja schon: Besser als die Japaner kann es keiner. Okay – vielleicht die Chinesen, und viele der japanischen Benimmregeln in Sachen Geschenke gelten auch im Reich der Mitte. Niemals das Gesicht verlieren – das ist das A und O in Asien. Und das kann schneller passieren als Sie nur ahnen!

Farben und Zahlen im Reich der Mitte

Als Glück bringend sieht man im Reich der Mitte Geschenke an, die in rotem oder gelbem Papier verpackt sind.

- Rot gilt ganz allgemein als Farbe der Freude, und das hat ganz und gar nichts mit der kommunistischen Flagge zu tun. Allerdings gibt es Verwirrendes: Seien Sie vorsichtig mit roter Tinte. Das ist ein Tabu, schreiben Sie bitte keinen Glückwunschbrief mit einem roten Kugelschreiber. Rote Umschläge hingegen sind wieder okay.
- Gelb war die Farbe des Kaisers und zu alten Zeiten für die normale Bevölkerung verboten. Heute allerdings sieht man Gelb als

Farbe des Glücks und des Wohlstands. Und natürlich ist sie für jeden Chinesen erlaubt.

Aberglaube ist in China eine völlig normale Sache und gehört zum Alltagsleben dazu. Mehr als bei uns, obwohl wir das ja ebenfalls kennen: Die Sieben ist unsere Glückszahl, die 13 unsere Unglückszahl. Bei den Chinesen gilt die Zahl Acht als absolute Glückszahl. Und vielleicht haben Sie schon einmal davon gehört, dass man beispielsweise in Hongkong eine Menge Geld dafür bezahlt, Telefonnummern und selbst Autokennzeichen zu bekommen, die eine Acht beinhalten. In China sind Zahlen deshalb so wichtig, weil die Aussprache oft gleichzeitig eine völlig andere Wortbedeutung haben kann: Acht auf Kantonesisch ist dasselbe wie Reichtum, Sechs dasselbe wie Erfolg, Neun dasselbe wie „immerwährend". Unglück dagegen bringen die Zahlen Vier und Zehn, denn sie werden ähnlich ausgesprochen wie das Wort für Tod, und die Zahl Sieben klingt genauso wie „fortgegangen".

In China schenkt man ungern Blumen – sie sind im Grunde nur bei Todesfällen üblich. Vorsicht also, wenn Sie für die Dame des Hauses den bei uns so üblichen Blumenstrauß überreichen. Damit machen Sie gewiss keinen guten Eindruck, selbst wenn man Sie das (selbstverständlich!) nicht spüren lässt. Der Chinese weiß halt, was er von fremden „Langnasen" zu erwarten hat: wenig Kultur eben.

Schenken Sie niemals etwas, bei dem Ihr Gegenüber das „Gesicht verliert". Und auch nichts, mit dem Ihnen selbst das passieren könnte: Das wäre zum Beispiel nicht nur bei Blumen der Fall. Sondern auch, wenn Sie als Gastgeschenk lediglich ein „Give away" mit dem Firmenlogo anbrächten ...

- In Thailand schenkt man niemals Tiere (ob tot oder lebendig) und keine Kleidung. Blumen dagegen sind okay, noch größeren Erfolg haben Sie allerdings mit einer Kleinigkeit aus Ihrer Heimat.
- In Vietnam schenkt man sich gerne Früchte, Blumen, Süßigkeiten. Alles hübsch verpackt (aber das wissen Sie ja schon!). Sind Sie bei einer Familie eingeladen? Dann machen Sie Punkte, wenn Sie für jedes Kind eine Kleinigkeit dabeihaben! Wirklich

nur eine Kleinigkeit, kein Riesengeschenk. Das Gegengeschenk ist „Pflicht", und Sie wollen Ihren Gastgeber ja bestimmt nicht in Verlegenheit bringen. Es ist üblich, dass man den Wert des eigenen Geschenks ein wenig herunterspielt. Etwa so: „Es ist nur eine kleine Gabe!" Auch die Vietnamesen finden die Farben Gelb und Rot schön, und wenn Sie einen Blumenstrauß in einer Kombination dieser beiden Farben schenken, sind Sie auf der sicheren Seite. Es kommt gut an, wenn Sie hochwertige Produkte aus dem Ausland schenken: einen teuren Whisky, für Raucher (daran werden Sie sich gewöhnen müssen, dass es hier noch zum guten Ton gehört zu rauchen!) gerne ausländische Zigaretten.

Dos und Don'ts für Geschenke in Japan

Geburtstagsfete samt Geschenken in Japan? Eher nein. So langsam kommt das zwar in Mode, früher jedoch war es absolut unüblich. Seien Sie dennoch vorsichtig, wenn Sie bei einem Besuch in Japan den Geburtstag eines Kollegen oder einer Mitarbeiterin mitbekommen: Gratulieren Sie einer Frau niemals zum 33. Geburtstag und einem Mann niemals zum 42. Geburtstag: Beide Jahre gelten in Japan als Unglücksjahre!

Selbst heute noch feiert man also weniger Geburtstage, sondern eher bestimmte „Stichtage" im Leben – etwa „runde" Geburtstage wie den 60., 70. oder gar 100. Auch „Schnapszahlen" wie 88 oder 99 sind Anlass für eine Geburtstagsfeier. Nicht aber etwa der 18. oder 21. Geburtstag für Volljährigkeit. Für solch in japanischen Augen eher banale Anlässe gibt es allgemeine Feiertage:
• den 15. Januar für Volljährigkeit
• den 15. September für das Alter
• den 5. Mai fürs Kinderfest – eigentlich nur für japanische Knaben, und deshalb sieht man an diesem Tag unzählige Drachen in Fischform am Himmel stehen.
• Das Puppenfest am 3. März ist dafür ausschließlich für Mädchen gedacht.
• Der 14. März ist der „weiße Tag" – Männer lassen es sich an diesem Tag nicht nehmen, ihren Frauen weiße Schokolade zu schenken.

• Am 14. Februar dagegen – unserem Valentinstag – sind die Männer mit Geschenken dran: Dann ist es umgekehrt und die Herren der Schöpfung bekommen von den Damen Schokolade geschenkt.

Nicht vergessen darf man natürlich „hanami", das Kirschblütenfest. Alle treffen sich zu diesem Ereignis, und natürlich ist es üblich, sich da gegenseitig ein kleines Präsent zu überreichen. Neujahr feiert man in Japan ebenfalls – und es ist hier nach alter Tradition üblich, Mandarinen zu essen. Selbstverständlich werden die gerne verschenkt und natürlich höchst kunstvoll verpackt! Kleine Weisheit am Rande: Beim Einkauf von Obst und Gemüse wird viel Wert auf Frische und Qualität gelegt. Allerdings würde kein Japaner nach „frischem Gemüse" fragen. Sondern nach dem „blauesten". Sprache macht schon manchmal merkwürdige Kapriolen! Denn auch das Licht einer Verkehrsampel oder die Blätter eines Baums nennt man „blau".

Wichtig und für uns sehr ungewöhnlich: Der Beschenkte packt seine Gaben niemals dann aus, wenn Sie noch anwesend sind. Und Sie tun das dann bitte umgekehrt genauso wenig. Es könnte nämlich sein – und genau das ist der Grund für diese Sitte –, dass das Geschenk nicht so auf Gegenliebe stößt, wie das der Schenkende gerne hätte oder erwartet. Der höfliche Japaner jedoch möchte es einfach vermeiden, dass Sie (oder im Umkehrschluss: er) das Gesicht verlieren. Und das wäre erstens der Fall, wenn Sie das „Falsche" schenken und zweitens, wenn Ihr Geschenk einen nur geringen Wert hätte. Genau aus diesem Grund übrigens macht man keine Überraschungsgeschenke: Ihr Gastgeber könnte nämlich nicht reagieren und stünde dumm dar. Denn das Gegengeschenk ist ein Muss in Japan! Keine Angst: Es gibt keine Kette von Geschenk – Gegengeschenk – Gegen-Gegengeschenk und so weiter und so fort … Selbstverständlich sollte ein Geschenk nicht gerade aus dem Fundus der Werbegeschenke Ihrer Firma kommen. Das wäre ein No-go. Aber es darf nicht zu wertvoll sein: Ihr Gegenüber hat vielleicht ein weniger kostspieliges Gegengeschenk, und Sie lassen ihn dann „sein Gesicht verlieren". Oder aber er kann seiner Verpflichtung, Ihnen ein entsprechendes Gegengeschenk zu machen, einfach aus finanziellen Gründen nicht nachkommen. Auch das würde einen Gesichtsverlust bedeuten – und etwas Schlimmeres kann einem Asiaten kaum passieren.

- In Japan steht man nicht auf Weiß. Bei uns mag das vielleicht als edle Farbe gelten, der Japaner sieht das anders. Denn Weiß ist – wie in China – die Farbe der Trauer. Deshalb bitte: keine weißen Blumen, keine weißen Taschentücher, keine weißen Gegenstände.
- Schleifen oder Bänder erinnern den Japaner aus welchen Gründen auch immer an eine Beerdigung. Ausnahme ist, wie schon erwähnt, die weiße Schokolade am Frauentag (14. März).
- Hüten Sie sich in Japan vor der Farbe Gelb. Sie zeigt nämlich ganz und gar nichts Strahlendes oder Positives an (oder gilt, wie in China, als ehemals kaiserliche Farbe), sondern steht schlicht und ergreifend für – Verrat.
- Und dann ist da noch die Sache mit den Zahlen: Vier bedeutet Tod – also schenken Sie niemals vier Blüten, ein Viererset Bilder oder Geschirr oder Besteck.
- „Verboten" sind Messer und Scheren. Nicht, weil die Japaner den alten deutschen Spruch kennen „Messer, Gabel, Schere, Licht sind für kleine Kinder nicht!" Sondern weil das Überreichen von solch scharfen Dingen Symbol dafür ist, dass man die gemeinschaftlichen Bande zerschneiden möchte. Und dabei wollen Sie genau diese Bande ja nun gerade erst mühsam knüpfen … Pech gehabt, selbst wenn Sie eines der berühmten Schweizer Messer mit im Gepäck haben. Einzige Ausnahme: Ihr Gastgeber hat es sich ausdrücklich gewünscht.
- Sie finden ein Geschenkpapier einfach nur putzig, auf dem Tiere des Waldes – und da vor allem ein paar kleine niedliche Füchse – abgebildet sind? Grober Fehler! In Japan ist der Fuchs nämlich das Symbol für Hinterhältigkeit.
- Geschenke werden immer gleich zu Beginn des Zusammentreffens überreicht, und außerdem stets mit beiden Händen: Das ist in Japan das Zeichen dafür, dass Sie „von Herzen" schenken (das gilt übrigens auch für Visitenkarten – siehe Kapitel 5).
- Selbst wenn Sie es noch so interessant finden: Alle Gegenstände, auf denen das Wappen der kaiserlichen Familie Japans abgebildet ist, verschenkt man nicht. Der Kaiser ist direkter Abkomme und Nachfahre der japanischen Sonnengöttin Amaterasu. Also ist sein Wappen gewiss nichts für einen normalen Bürgerlichen …

- Wundern Sie sich nicht, wenn Ihr japanischer Gastgeber Sie dazu drängt, für Ihre Lieben daheim genügend Geschenke und Mitbringsel einzukaufen. In Japan gehört das nämlich dazu: Man bringt jedem etwas mit, der Familie und Freunden genauso wie auch dem Nachbarn, der vielleicht aufs Haus, auf den Hund oder auf den Garten aufgepasst hat. Das ist übrigens der Grund, warum in unseren Gefilden oft eine ganze japanische Reisegruppe im kitschigen Souvenirladen herumwuselt: Sie suchen einfach nach Aufmerksamkeiten für die Daheimgebliebenen. Und was uns kitschig erscheint, ist in Japan ein originelles Geschenk.
- Anders als bei uns ist es absolut unüblich und unhöflich, einfach nur Geld zu verschenken. Das zeugt von Fantasielosigkeit und damit von Geringschätzung dem Beschenkten gegenüber. Natürlich gibt es Ausnahmen von dieser strikten Regel: Bei Hochzeiten, Krankheit, einer Beerdigung oder auch vor einer großen Reise darf man doch. Allerdings stets besonders verpackt in einem schönen Umschlag. Auf Beerdigungen steht für diese Kuverts sogar eine besondere Box bereit. Sie besorgen sich am besten druckfrische Scheine bei der Bank. Alte Geldnoten, mit Knitterfalten oder gar eingerissen, sind tabu.
- Bei einer Hochzeit schenkt man natürlich etwas von höherem Wert beziehungsweise eine entsprechend hohe Summe. Es ist üblich und von den Gastgebern auch so vorgesehen, das Hochzeitsgäste nicht nur während der Feier verköstigt werden, sondern Essbares mit nach Hause nehmen. Und dieser Proviant darf dann durchaus etwa den halben Wert haben wie das mitgebrachte Geschenk.

Erfolg auf der ganzen Welt: Geschenke „Made in Germany"

Von der Kuckucksuhr über den Maßkrug bis zum Brandenburger Tor im Kleinformat – Kitsch aus Deutschland ist Trumpf: Fast überall auf der Welt liebt man „typisch Deutsches" als Geschenk. Natürlich nicht nur kitschige Souvenirs. Es darf durchaus Höherwertiges, aber eben „Made in Germany" sein. Bleibt für Sie also vor allem zu beachten, dass Sie bei einem Gastgeschenk nicht aus Versehen etwas mitbringen, auf dem deutlich sichtbar, wenn auch an versteckter Stelle, der Hinweis steht „Made in China" oder

„Made in Taiwan". Das wäre, vor allem in Asien, ein furchtbarer Fauxpas! Auch anderswo in der Welt wäre es wohl ein Tritt ins Fettnäpfchen.

Ohne geht nichts – nirgends auf der Welt!

Kleine Geschenke erhalten die Freundschaft. Große natürlich auch. Machen Sie nur nicht den Fehler zu glauben, sich mit Geschenken etwas „erkaufen" zu können. Mit Geld übrigens auch nicht. Die 10-, 20- oder gar 50-Dollar-Note, diskret in einem Umschlag, im Pass oder einem anderen Dokument überreicht, ist nämlich schlicht und ergreifend Bestechung. Und Sie wissen leider nie, ob derjenige, dem Sie dieses „Bakschisch" geben, korrupt ist.

- Vielleicht nimmt er es – und tut, was Sie wollen. Wenn Sie ihn dann nie wieder sehen – okay.
- Vielleicht nimmt er es – und zeigt Sie umgehend an und Sie landen im Knast.
- Vielleicht nimmt er es nicht – und Sie landen erst recht im Knast, müssen jedoch einer Anzeige wegen Bestechung ins Auge blicken.

Dennoch gilt natürlich: Geschenke schaffen eine gute Atmosphäre, und in einer freundlichen Atmosphäre

- verhandelt es sich besser,
- kommt man zu besseren Übereinkünften,
- schafft man sich Probleme besser aus dem Weg.

Oder ist einfach nur freundlich und zuvorkommend. Das gilt überall – Sie müssen eben nur wissen, wie Sie es am besten machen. Geschenke, kleine Mitbringsel oder Aufmerksamkeiten haben aber nichts mit Bestechung zu tun:

- In arabischen Ländern sind Geschenke eine unabdingbare Selbstverständlichkeit. Besonders beliebt ist es, wenn Sie etwas mitbringen, das einen persönlichen Bezug zum Gastgeber und zu Ihnen hat. Wenn Sie dann auch noch etwas finden, das typisch für die Region ist, aus der Sie kommen – umso besser. Tabu sind natürlich Alkohol und Nahrungsmittel vom Schwein. Also nichts da mit dem Schwarzwälder Schinken oder einem typisch bayerischen Verdauungsschnaps!

- In Ägypten hört man überall „Bakschisch, Bakschisch" – ob man jemanden fotografieren möchte, ob man einen Führer sucht, ob man mit dem Kamel in der Wüste reitet. Damit ist hier das ganz normale Trinkgeld gemeint, das man für Dienstleistungen eben bezahlt. Wer schon einmal im Land am Nil war, kennt das sicher. Ursprünglich bedeutet Bakschisch so viel wie „Almosen", und es ist eine (nicht unbedingt) finanzielle Zuwendung, die der reiche gläubige Muslim einem Bedürftigen zukommen lässt. Nur bei uns ist damit „Schmiergeld" gemeint, also die Zahlung eines bestimmten Betrages, um beispielsweise schneller Entscheidungen bei Ämtern und Behörden zu erzielen.
- In Russland ist es – ziemlich ungewohnt für unsereinen! – üblich, auch Männer mit Blumen zu beschenken. Bitte immer in ungerader Anzahl und niemals Gelb. Älteren Damen – seien sie noch so jugendlich – bitte keine weißen, denn das bringt Unglück. Blumen sind übrigens beinahe ein Pflichtprogramm: Es geht das Gerücht, dass sogar Ehemänner an ganz normalen Tagen ihrer Gattin einen Blumenstrauß mitbringen. Zehnmal so oft wie bei uns – und das heißt ja nun wirklich etwas! Als Geschenk kommt Lukullisches aus Deutschland gut an. Alkoholisches ebenfalls (das haben Sie sich sicher schon gedacht). Für die Damen eher Wein (das heißt aber nicht unbedingt: ein süßes Likörchen), für die Männer eher Hochprozentiges. Farben spielen bei den Russen eine wichtige Rolle, genauso wie Zahlen: Günstig ist Rot – es steht für Schönheit, für Liebe, bei gläubigen Russen auch für Auferstehung. „Erlaubt" sind auch Grün und Blau, ungünstig dagegen ist Schwarz, und bei Weiß seien Sie bitte ebenfalls vorsichtig: Einerseits steht es für Klarheit und Reinheit, andererseits symbolisiert diese Farbe Trauer. Wie bei uns in Deutschland ist die 13 eine Unglückszahl. Peinlich wird es für Sie, wenn Sie den 8. März übersehen. Der Internationale Frauentag ist nämlich in Russland (und wohl allen ehemals kommunistischen Ländern) ein wichtiger Geschenktag. Man gratuliert nicht nur der Ehefrau oder Freundin, sondern genauso Kolleginnen und Mitarbeiterinnen, Geschäftspartnerinnen, ja selbst der wildfremden Taxifahrerin, mit der man beispielsweise in Moskau unterwegs ist.

- In Polen achten Sie bitte darauf, stets eine ungerade Anzahl von Blumen zu verschenken: Alles andere bringt Unglück!
- In Portugal ist es nicht üblich, als Gastgeschenk eine ganz normale Flasche Wein mitzubringen. Wein gilt nämlich als Lebensmittel – und wenn Sie damit bei Ihrem Gastgeber anrücken, bedeuten Sie ihm indirekt: „Du kannst es Dir nicht leisten, guten Wein auf den Tisch zu stellen!" Besser, Sie kommen mit hochwertiger Schokolade (gerne aus Ihrer Heimat) an. Blumen sind ebenfalls gerne gesehen, oder aber eine wirklich teure Spirituose, gerne Whisky oder Cognac, aber auch etwas aus Ihrer Heimat.
- In Südamerika ist es in vielen Ländern tabu, Geschenke aus Silber zu machen. Vor allem in Paraguay ist das so, und hier ist es absolut unerwünscht, scharfe Gegenstände zu verschenken. Da sind die Paraguayer wie die Japaner: Ein verschenktes Messer führt zum Ende der Freundschaft, denn es ist ein Symbol für Trennung. Achten Sie darauf, ob die Tochter eines Geschäftspartners zufällig gerade ihren 15. Geburtstag feiert: Das ist nämlich eine Riesenparty. Der Grund: Sie wird zur Frau, und wenn Sie zu einem solchen Fest eingeladen sind, ist das eine große Ehre. Vorsicht übrigens, wenn Sie in einem Privathaus irgendeinen Gegenstand besonders bewundern. Es kann passieren, dass Sie ihn dann geschenkt bekommen. Bringen Sie Ihren Gastgeber nicht in Verlegenheit.
- In Argentinien achten Sie darauf, dass Sie nicht schon bei der Einladung Blumen mitbringen. Sondern Sie schicken Ihren Blumenstrauß nach dem Fest. Das heißt aber bitteschön nicht, dass Sie auf ein kleines Gastgeschenk verzichten dürfen. Kleiner Trick in Sachen „Emanzipation in einem Macholand": Bei Geschenken, die Sie als Mann einer Geschäftspartnerin machen, sagen Sie besser, es sei ein Geschenk Ihrer Gattin (und falls Sie, offiziell bekannt, keine haben: Es sei ein Präsent Ihrer Mutter oder Seniorchefin).
- In den Niederlanden gibt es bei der Geburt eines Kindes einen ganz besonderen Brauch: Man verschenkt an Freunde und Verwandte „Beschuit met muisjes". Das „Biskuit mit Mäusen" ist ein runder kleiner Zwieback, der mit rosa oder hellblauen (je nachdem, ob Mädchen oder Junge) und weißen kandierten

Anissamen bestreut ist. Wird gar im Königshaus Nachwuchs geboren, werden orangefarbene „Beschuit met muisjes" verteilt. Der Hintergrund: Die Maus gilt als Symbol der Fruchtbarkeit, und Anis soll nach alter Überlieferung die Produktion von Muttermilch anregen ...

Bayern ist Deutschland? Was Amerikaner gut finden

Nicht nur, aber gerade in den Vereinigten Staaten ist das nicht so abwegig. Die meisten Amerikaner glauben, dass in Europa alles putzig und romantisch und natürlich bayerisch sei. Das drückt sich natürlich darin aus, was man von Ihnen als Gastgeschenk erwartet. „Kitsch as Kitsch can" lautet daher am besten Ihre Devise – und gerne darf alles bayerischen Anklang haben: Zinnstamperl mit Gravur aus dem bayerischen Wald, ein Bierkrug mit Motiven aus dem Hofbräuhaus, eine der weltberühmten Kuckucksuhren (okay, das ist jetzt nicht Bayern, aber das sehen die Amis nicht so eng), ein Bildband mit Fotos von Neuschwanstein, ein Mitbringsel vom Oktoberfest – damit liegen Sie garantiert richtig. Auch mit kulinarischen Spezialitäten – allerdings vielleicht nicht gerade Sauerkraut oder Blutwurst.

Extratipp für alle, die im Rahmen einer amerikanischen Hochzeit eingeladen werden: Ein „Shower" hat nichts, aber auch schon gar nichts, mit einem Besuch im Badezimmer oder am Swimmingpool zu tun. So nennt man in Amerika vielmehr die Party, die zu Ehren einer Braut gegeben wird. Daher bringen Sie nicht etwa Ihr Strandlaken und die Schwimmklamotten mit, sondern bitteschön Geschenke für die künftige Ehefrau. Für eine Einladung bedankt man sich im Regelfall immer schriftlich, und zwar nachher.

Gegenseitige Gast- und Weihnachtsgeschenke (etwa in der Preisklasse von 25 Dollar) sind üblich. In den USA gerät man(n) schnell in den Verdacht der sexuellen Belästigung. Deshalb: keine persönlichen Geschenke für Frauen, mit denen Sie nicht wirklich befreundet sind. Vor allem nicht für Kolleginnen und Geschäftspartnerinnen. Für Raucher (die soll es ja in den USA noch vereinzelt geben) gilt: Selbst wenn es für Sie persönlich ein echter Genuss ist, auf den Sie nur ungern verzichten, freut sich Ihr republikanischer Geschäftspartner eher weniger über die echte Zigarre aus Havanna. Das kommunistische Kuba ist eben immer noch „Feindesland".

Kapitel 4

Trinken bis zum Abwinken –
und darüber hinaus

Vom Umgang mit Alkohol und anderen Getränken

Manches Vorurteil erweist sich in der Realität als Tatsache: Jeder weiß doch, wie gern man im Osten Europas zum Alkohol greift. Schließlich sind die Winter da lang, es ist saukalt, und wir wissen ja alle aus eigener Erfahrung vom Weihnachtsmarkt, dass Punsch nicht nur innen wärmt. Okay: Man trinkt im Osten keinen Glühwein, sondern „Wässerchen" – genau das ist nämlich die wörtliche Übersetzung des aus dem Slawischen stammenden Wortes Wodka. Man trinkt auch nicht nur das eine oder andere Gläschen. Sondern man kippt das Zeugs hundertgrammweise, und es geht da gerne mal eben um 500 oder mehr Gramm. Stellen Sie sich mal vor: ein Pfund Wodka bitte ...

Müssen Sie da eigentlich mitmachen? Oder können Sie sich drücken, wenn Sie eingeladen sind und das eben nicht privat, sondern weil Sie einen Geschäftsabschluss tätigen wollen? Und was trinkt man eigentlich anderswo auf der Welt? Es soll ja eine ganze Reihe von Gegenden in der Welt geben, in denen Alkohol absolut tabu ist ...

An der Theke, in der Kneipe: Trinksitten aus aller Welt

Manchmal gibt es strengste Kontrollen, manchmal aber wird das Thema Alkohol sehr entspannt betrachtet. Interessanterweise ist in jenen Regionen, bei denen Wein zur Lebenskultur gehört, das „Komasaufen" kaum en vogue. Je nachdem, wo Sie sich allerdings in der Welt befinden, müssen Sie halt ein paar Dinge beachten:

• In allen südlich gelegenen europäischen Ländern gehört Alkohol zum Alltagsleben dazu. Wundern Sie sich also nicht, wenn man da mittags schon ein Gläschen Wein trinkt, selbst in der Kantine oder wenn man mit Arbeitskollegen zusammen Mittagessen geht.

• Ob Frankreich, Italien oder Portugal – Essen ist nur dann wirklicher Genuss, wenn man dazu Wein genießt. Allerdings eben in Maßen – und nicht gleich flaschenweise. Wein ist Lebensmittel und Genuss – nicht unbedingt Rauschmittel.

• In Italien trinkt man Wein immer aus dem Glas. Das kann zwar mal aus Plastik sein (etwa bei Straßenfesten), aber es ist ein grobes „Vergehen", direkt aus der Flasche zu trinken. Man genießt gerade Wein immer im Sitzen, niemals im Gehen. Trinken im Stehen, aber an einem Tisch, ist gerade noch erlaubt.

• In ganz Asien denken Sie besser daran, dass den Menschen hier ein bestimmtes Enzym fehlt. Japaner und Chinesen trinken gerne, und sie trinken gerne viel. Leider vertragen sie aber nicht viel. Sie wissen ja: Das Gesicht zu verlieren, ist überall in Asien das Schlimmste. Sind Ihre Gäste aber sinnlos betrunken und torkeln nach Hause, haben Sie als Gastgeber ebenfalls das Gesicht verloren.

• In Japan dürfen keine leeren Gläser auf dem Tisch stehen, deshalb schenkt der Gastgeber immer wieder nach. Wenn Sie nichts mehr möchten, gibt es einen einfachen Trick: Lassen Sie ein wenig im Glas – das ist das Zeichen, dass Sie nicht mehr nachgeschenkt haben möchten. Andersherum allerdings zeugt es nicht von Ihrer guten Kinderstube und zeigt den japanischen Augen, dass Sie gern ein wenig zu viel trinken, wenn Sie sich etwa selber nachschenken. Das ist stets Sache des Gastgebers! Ob Glas oder Becher – man hält das Trinkgefäß mit beiden Händen. Japaner vertragen übrigens zwar wenig Alkohol, was sie aber nicht hindert, trotzdem kräftig hinzulangen. Japaner können es ganz und gar nicht nachvollziehen, warum sich jemand aus einer lockeren Trinkrunde ausschließt. Falls Sie das tun, finden Sie am besten eine

glaubwürdige Ausrede – beispielsweise, dass Ihnen aus gesund-
heitlichen Gründen der Genuss von Alkohol untersagt ist.

- In China sagt man „Ganbei" – und das heißt nicht einfach nur
„Prost". Es bedeutet übersetzt „trockenes Glas" und entspricht
damit unserem deutschen „auf Ex!". Auch im Reich der Mitte
zeigt man wenig Verständnis, wenn Sie einfach nur auf Alkohol
verzichten. Deshalb hier derselbe Rat: Wenn Sie nicht exzessiv
mittrinken möchten, finden Sie besser eine gute und glaubwürdige Ausrede.

- In Südamerika – Mexiko, Venezuela oder Brasilien – ist Alkohol
ebenfalls zum Mittagessen durchaus schon „erlaubt". Anders als
etwa in Argentinien oder Chile. In Brasilien trinkt man durchaus
zum Lunch ein Bier oder sogar einen Caipirinha. Und in Mexiko
oder Venezuela kann es passieren, dass bereits eine Flasche
Whisky bereitsteht. Dennoch Vorsicht bitte: Gerade starke Alkoholika sind Genussmittel und dienen nicht dazu, dass Sie sich
die Kante geben. Es ist nicht en vogue, sich sinnlos volllaufen zu
lassen.

- In Bolivien schüttet man oft ein paar Tropfen des Getränks für
„Mutter Erde" auf den Boden – wundern Sie sich also nicht,
wenn ein Bolivianer auf „Pachamama" trinkt und den Rest des
Glasinhalts auskippt.

- In der Türkei wird ständig Wasser nachgeschenkt – selbst wenn
alle am Tisch etwas anderes trinken.

Russische Trinksprüche

Es ist ein regelrechtes Ritual: Der Gastgeber sorgt dafür, dass alle
am Tisch Wodka (oder anderes Hochprozentiges) haben. Und dann
bringt er einen Sinnspruch aus: gerne auf die an- oder abwesen-
den Damen, auf das noch zu tätigende oder schon erfolgreich
abgeschlossene Geschäft, auf die Liebe, auf Russland, auf das
Land des Gastes – da gibt es unendlich viele Variationen. Sie
sind da ebenfalls gefordert. Getrunken wird stets nur nach einem
vorausgegangenen Trinkspruch, und genau deshalb sollten Sie
sich schon im Vorfeld (wenn Sie das Ganze überhaupt mitmachen)
ein paar vernünftige Toasts überlegen. Dem Ritual können Sie
kaum entgehen – es gibt eigentlich nur die Ausrede, dass Sie aus
medizinischen oder religiösen Gründen keinen Alkohol trinken

dürfen. Businessladys tun gut daran, wenn sie nicht trinkfest sind, einen Mitarbeiter um Begleitung zum Geschäftsessen zu bitten, der auf diesem Gebiet wirklich gut ist. Es bringt nämlich nichts, und es lässt Sie eher schwächlich erscheinen (und das ist im harten Geschäftsleben in Russland eher von Nachteil), wenn Sie nur am Glas nippen. Nichts da – ex und hopp ist die Devise! Sie werden staunen, wie viel an Alkohol Ihre russischen (und auch polnischen) Partner in sich hineinschütten, ohne dass man es ihnen so richtig anmerkt. Lange Übung, viele Jahre harten Trainings … Das können Sie niemals aufholen. Und Sie wollen ja auch keinen Leberschaden riskieren.

- In Polen trinkt man ebenfalls ganz gerne ein Gläschen, und ebenfalls gerne Wodka. Man verbrüdert sich außerdem, und genau das hat eine wichtige Konsequenz für Sie persönlich: In Polen ist der Namenstag eines Menschen fast wichtiger als dessen Geburtstag. Sie tun gut daran, sich genau diesen Namenstag zu merken. Sie werden sehen: Wenn Sie dann entsprechend gratulieren, haben Sie einen echten Freund fürs Leben gewonnen!

Sonderbare Trinksitten bei den Angelsachsen

In Großbritannien sind Kneipenbesuch und das kleine Bierchen an der Theke beinahe eine Wissenschaft. Einfach „nur" ein Bier zu bestellen – das ist schwierig.
- „Lager" nennen die Briten ihr helles Bier – Pils oder Export.
- In beinahe jedem Pub ist außerdem das irische Guinness erhältlich, ein schwarzbraunes Bier, das mittlerweile in mehr als 150 Ländern verkauft und in etwa 50 Brauereien weltweit hergestellt wird.
- Es gibt das Pintglas, das traditionelle Maß auf den britischen Inseln, mit einem Fassungsvermögen von 0,568 Litern. Es gibt halbe Gläser, die gerne auch „Imperial Pint" genannt werden.
- Eichstriche kennt man in Großbritannien nicht. Dass ein Glas wirklich ein Pint enthält, zeigt die aufgedruckte Krone am Glasrand an.
- Gläser werden bis zum Rand vollgemacht, den Schaum eines Bieres, unsere in Deutschland so beliebte „Blume", kennt man hier nicht. Die wird einfach abgestrichen.

- Jeder Gast holt sich das Bier vom Tresen und bezahlt dort sofort. Trinkgeld ist in einem solchen Fall nicht üblich, das gibt man nur, wenn man an einem Tisch bedient wird.
- Sperrstunden – früher wurden die strikt um 23 Uhr in ganz Großbritannien eingehalten – gibt es zwar nicht mehr. Dennoch schließen viele Pubs und Restaurants um 23 Uhr, spätestens um Mitternacht. Eine Viertelstunde vorher ruft der Wirt mit einem Gong zur sogenannten „last order" auf. Danach wird nichts mehr ausgeschenkt, und die Gäste haben eine Viertelstunde Zeit, um ihre Gläser zu leeren.
- Es gibt Lizenzen, die es einem Laden gestatten, bis zu einer bestimmten Uhrzeit Alkohol zu verkaufen. Einzelhändler achten sehr genau darauf. Denn werden sie nach diesem Zeitpunkt erwischt, droht ihnen eine Strafe.

- In Neuseeland, Australien und teilweise in Südafrika dürfen Sie in manchen Restaurants Ihr eigenes Getränk mitbringen. Kaum vorstellbar für unsereinen! „BYO" heißt das dann – also „Bring Your Own". Der Grund für diese Eigenart, die in Deutschland nicht mal im bayerischen Biergarten erlaubt ist: Früher hatten nicht alle Speiselokale die Lizenz für Alkoholausschank. Da lag es nahe, dass die Gäste auf Selbstversorgung zurückgriffen. Und der Wirt war froh, hatte er die Tische im Restaurant doch trotzdem gut besetzt.
- In Neuseeland gibt es an Tankstellen grundsätzlich keinerlei alkoholische Getränke zu kaufen. Also nichts da mit „ich geh mal schnell an die Tanke", wenn Ihnen der Stoff ausgeht. Alkohol kauft man hier in Spezialgeschäften, selbst lizenzierte Gaststätten dürfen alkoholische Getränke nur dann abgeben, wenn diese sofort an Ort und Stelle getrunken werden. In normalen Supermärkten gibt es lediglich Bier und Wein – „harte Alkoholika" Fehlanzeige! Keine Ahnung, wo die Neuseeländer sich da also eindecken …
- In Australien sind Besuche im Pub eine wichtige Sache – sie gehören zum Alltagsleben einfach dazu. Es kann also gut sein, dass Sie als Gast mitkommen und vielleicht eine Lokalrunde geben möchten. Wie machen Sie das? Sie rufen einfach „it's my shout!" (auf Deutsch: „Es ist mein Schrei!"). Bis vor gar nicht so langer Zeit waren Frauen im australischen Pub übrigens nicht gern gese-

hen. Außerhalb der großen Städte ist das manchmal immer noch so. Benehmen Sie sich stets ausgesprochen dezent, nur dann haben Sie die Chance, als „Lady" und nicht etwa als „Girlie" behandelt zu werden. Girlies – dies zum besseren Verständnis – stehen einem weitergehenden Kontakt mit den anwesenden Herren nicht unbedingt negativ gegenüber. Wenn Sie wissen, was ich meine ...

- In Neuseeland wird das Bier immer ohne Schaum serviert (also wie das irische Guinness). Das muss man mögen, und für den deutschen Biertrinker ist es absolut ungewohnt!

- In den Vereinigten Staaten ist Alkohol, wohl noch aus Zeiten der Prohibition, in vielen Bundesstaaten ein großes Tabu. Was wir also so im Film sehen – trinkende Cowboys und das Whiskyglas in der Hand haltende harte Männer –, ist im richtigen amerikanischen Leben eher die Ausnahme. Wer jünger ist als 21 Jahre, hat normalerweise überhaupt keine Chance, auf legalem Wege Alkohol zu kaufen. Versuchen Sie es gar nicht erst! Sie können sicher sein (im Gegensatz zu Deutschland), dass das in jedem Supermarkt kontrolliert wird. Wer gerne mal ein Bierchen zischt, sollte sowieso drauf verzichten, das in der Öffentlichkeit zu tun. Oder gar am Steuer des Autos. Da machen Sie nämlich schneller als Ihnen lieb ist Bekanntschaft mit dem Sheriff. Man darf Alkohol im Fahrzeug nicht mal mitführen! In vielen Bundesstaaten wird Alkohol an Sonntagen überhaupt nicht verkauft, und beim Besuch der USA sollte Ihnen bewusst sein, dass nicht in allen Restaurants Alkohol ausgeschenkt wird.

„Zum Wohl" international

Damit Sie sich überall auf der Welt zuprosten können, hier eine kleine Auswahl aus der internationalen fröhlichen Trinkerszene:
- Albanien: Gëzuar
- Amerika: Cheers, Here's to you
- Armenien: Genatsoot
- China: Gan Bei
- Dänemark: Skål
- Deutschland: Prost, Prosit, Zum Wohl
- England: Cheers, Cheerio
- Estland: Terviseks

- Finnland: Kippis
- Frankreich: À votre santé
- Griechenland: Jámas
- Grönland: Kasugta
- Indien: Mubarik
- Irland: Sláinte
- Island: Skål
- Italien: Salute
- Japan: Kanpai
- Lettland: Uz veselibu
- Niederlande: Proost, Op uw gezonheid
- Nigeria: Mogba
- Norwegen: Skål
- Polen: Na zdrowie
- Portugal: Saúde
- Rumänien: Noroc
- Russland: Vashe zdorovie
- Schweden: Skål
- Schweiz: Pröschtli
- Spanien: Salud
- Suaheli: Kwa Siha Yako
- Thailand: Chokdee
- Tschechische Republik: Na zdraví
- Türkei: Serefe
- Ungarn: Egészségére

Mal ohne Alkohol?

Tee und Kaffee gehören in großen Teilen der Welt eher zu den üblichen Getränken als Alkoholisches. Sie erinnern sich vielleicht an Ihren letzten Urlaub in der Türkei? Da wird überall Tee serviert: auf dem Basar, beim Teppichhändler, ja selbst in den ganz normalen Restaurants. Tee ist, neben Kaffee, eines der wichtigsten Getränke überhaupt. Gar nicht mal ausschließlich schwarzer Tee, die Türken mögen auch Pfefferminz- oder Apfeltee. Und türkischer Kaffee bzw. Mokka ist ebenfalls weltbekannt. Natürlich gibt es eine ganze Menge Länder, in denen der Genuss von Tee und Kaffee regelrecht zelebriert wird – mit allen möglichen Benimmfallen.

Tee und seine Zeremonien

Es begann im alten China und ist eine never ending Lovestory bis heute: Teeliebhaber gibt es auf der ganzen Welt. In China und Japan gibt es langwierige Zeremonien, bis das Getränk zum Genuss bereit ist: Bis zu dreimal wird der Tee aufgegossen, er wird vor dem Genuss nicht gesüßt oder gar – wie in England – mit Milch getrunken. Wer zu einer Teezeremonie eingeladen wird, kann sich glücklich schätzen, sollte aber viel Geduld mitbringen. Erst Anfang des 17. Jahrhunderts kam Tee nach Europa, und zwar per Schiff aus China. Zunächst nach Holland und Frankreich und dann, im Jahre 1662, endlich auch nach England. Dem Land also, das bei uns in Europa als „Erfinder des Teegenusses" gilt. Kaum zu glauben, dass das erst etwa 400 Jahre her ist! Übrigens schenkte den ersten Tee nicht etwa eine Britin ein, sondern die aus Portugal stammende Katharina von Bragança ... In ihrem Heimatland gibt es zwar heute noch Tee. Aber die modernen Portugiesen trinken denn doch eher – Kaffee.

In Großbritannien ist Tee beinahe eine Glaubensfrage: nämlich zwischen jenen, die erst Milch und dann den Tee in die Tasse gießen. Und den anderen, die zuerst den Tee und danach erst die Milch in die Tasse geben. Einig werden sich diese beiden nie – und darum wundern Sie sich bitte nicht, wenn Sie entsprechend merkwürdig angesehen werden, wenn Sie sich in den Augen Ihres Gastgebers den Tee auf die „falsche Art und Weise" einschenken lassen. Nun wissen Sie auch Bescheid, wenn Sie bestimmte Abkürzungen lesen oder hören:
• MIF für „Milk in first" und zum anderen
• TIF für „Tea in first"

Der Genuss einer ganz einfachen Tasse Tee ist in Großbritannien eine wahre Wissenschaft (die „Teatime" – siehe Kapitel 2 – ja ebenfalls). Auf jedem Teetisch stehen stets zwei Kännchen: Das etwas größere enthält den aufgebrühten Tee, das kleinere lediglich heißes Wasser. Das brauchen Sie auch, denn nichts ist verpönter bei einem echten Briten als der Gebrauch von Teebeuteln! Tee wird immer frisch aufgebrüht, die Teeblätter verbleiben in der Kanne, und so wird das Getränk immer intensiver und intensiver – und muss deshalb im Laufe der Zeit mit heißem Wasser verdünnt werden.

Kleiner Benimmratgeber für den Teegenuss in Großbritannien:

- Der Gastgeber schenkt ein, nicht die Gäste sich selbst.
- Beim Trinken des Tees heben Sie Tee- und Untertasse gleichermaßen an. Eine Hand führt die Untertasse bis kurz vors Kinn, mit der anderen führt man die Teetasse zum Mund.
- Natürlich schlürfen Sie nicht, sondern Sie trinken möglichst geräuschlos in kleinen Schlückchen.

- In China und Japan trinkt man den Tee „pur" – also ohne Zucker, ohne irgendwelche Süßmittel, und natürlich ohne Milch. Wenn Sie nicht Ihr „Gesicht verlieren" und als unkultiviert gelten wollen, sollten Sie das mitmachen.
- In der Mongolei, falls Sie da einmal zu Besuch sind, gibt es eine besondere Zubereitungsart: Der Tee kommt von einem Teeziegel (aus grünem Tee), der zerkleinert und dann im Wasser aufgekocht wird. Dazu gibt man Milch – und außerdem das Fett von Rind oder Schaf, geröstetes Mehl und Reis, salzt das Ganze und lässt es dann etwa eine Viertelstunde lang kochen. Das muss man mögen, und wenn Sie kein Mongole sind, wird Ihnen das schwerfallen. Reißen Sie sich ein bisschen zusammen, und stoßen Sie Ihren Gastgeber nicht vor den Kopf!
- In Russland dagegen ist Tee ohne viel Zucker beinahe undenkbar. Man gibt manchmal sogar keinen Zucker hinein, sondern lutscht dazu löffelweise Marmelade. Allerdings ist russischer Tee, der im Samowar gebraut wird (ja, Sie haben richtig gelesen: gebraut!), und das bis zu sechs Stunden, oft sehr bitter und intensiv im Geschmack. Etwas Süße ist also nicht nur für die russischen, sondern auch für unsere europäischen Gaumen beinahe unerlässlich.
- In Tibet trinkt man Tee als „Buttertee" – man setzt Salzbutter zu, und das muss man nun wirklich mögen: Die Butter stammt nämlich vom Yak, dem tibetanischen Rind, und der Tee soll eher wie eine salzige Suppe schmecken. Wenn Sie also jemals in die Verlegenheit kommen: Augen zu und durch!
- In Indien wird Tee gerne mit Gewürzen versetzt: Kardamom, Zimt, Ingwer oder Gewürznelken, ja sogar Pfeffer. Wundern Sie sich bitte nicht, wenn Ihnen zum Umrühren kein Löffel, sondern eine Zimtstange gereicht wird.

Kaffee, Mokka und was noch?

Kennen Sie den Film „Das Beste kommt zum Schluss" mit Jack Nicholson und Morgan Freeman? Da geht es unter anderem auch um Kaffee. Der Milliardär, den Jack Nicholson spielt, hat nämlich eine Leidenschaft: Er trinkt am liebsten die Kaffeesorte „Kopi Lu-wak". Die gibt es wirklich, und die Preise sind enorm: 500 Gramm kosten mindestens 300 Euro. Der Gag an der Geschichte, den Jack Nicholson nicht weiß und erst im Laufe des Films erfährt: Der Kaffee ist deshalb so teuer und hat deshalb einen so besonderen Geschmack, weil die Bohnen zunächst von Zibetkatzen gefressen, unverdaut ausgeschieden und dann erst geröstet werden. Lecker, oder?

Fast jedes Land auf dieser Welt, in dem Kaffee getrunken wird, hat seine ganz besonderen Spezialitäten. Nicht unbedingt solch etwas Besonderes in der „Herstellung" wie Kopi Luwak, sondern eher in der Zubereitungsart. Beispiel gefällig? Dann gehen wir mal nach Österreich – zu unserem nächsten Nachbarn – und nach Italien – zu einem unserer Lieblingsurlaubsländer.

In Österreich scheint man Kaffeegenuss geradezu erfunden zu haben. So viele Namen gibt es für eine leckere Tasse Kaffee. Hier eine kleine Auswahl:
• Da gibt es den „Kleinen Schwarzen" und den „Kleinen Braunen" sowie den „Großen Braunen" und den „Großen Schwarzen".
• Interessant ist „Kaffee verkehrt" (ein Milchkaffee) oder „Melange", ein mit warmer Milch gestreckter Mokka, mit Milchschaumhaube im Glas serviert.
• Den „Schwarzen" und „Braunen" gibt es auch „verlängert" – dann nicht mit Milch, sondern mit Wasser aufgegossen.
• Witzig ist der Name „Einspänner" für einen Kaffee, der in einem speziellen Glas serviert wird: ein Mokka mit aufgesetzter Schlagsahnehaube und mit extra Staubzucker serviert.
• An Mönche erinnern der „Kapuziner" – nämlich ein doppelter Mokka mit Schlagsahne – und der „Franziskaner": Das ist eine Melange mit Schlagsahne.
• An Wien lassen einen der „Fiaker" (Mokka mit Rum oder Slibowitz) und „Maria Theresia" denken: doppelter Mokka mit einem Schuss Orangenlikör und Schlagsahne, im Glas serviert.

- Ein „Othello" ist einfach nur heiße Schokolade mit Espresso.
- Ungewöhnlich klingen „Mazagran" (doppelter Mokka mit Eiswürfeln gekühlt und mit Maraschino versetzt) oder die „Kleine Schale Gold" (Mokka mit heißer Milch und Milchschaumhaube). Dagegen ist der „Irish Coffee" – also Kaffee mit Whisky und darüber einer Sahneschicht (die auf dem Kaffee schweben muss und sich nicht vermischen darf) überall auf der Welt bekannt.

In Italien gibt es ebenfalls unzählige Arten, um Kaffee zu genießen – und jede hat „ihre" Tageszeit: Kurz nach dem Aufstehen trinkt man einen Espresso, zum Frühstück dann einen Cappuccino oder Latte Macchiato. Und ab mittags nur noch Espresso. Damit Sie das richtige bekommen, hier ein kleiner Überblick:

- Ein Espresso mit der Bezeichnung „ristretto" ist mit wenig Wasser zubereitet, die Bezeichnung „lungo" dagegen ist dasselbe mit viel Wasser.
- „Macchiato caldo" ist Espresso mit etwas warmer Milch und Milchschaum, „macchiato freddo" dagegen wird nur mit einem Schuss kalter Milch serviert.
- Die Variante „corretto" ist mit einem Schuss Alkohol versehen.
- Espresso „nel vetro" wird im Glas statt in der Tasse serviert, und der Hinweis „con zucchero de canna" bedeutet einfach nur „mit braunem Zucker".
- Espresso ganz ohne Zucker nennt man in Italien „caffè amaro" (also „bitterer Kaffee").
- Für den Cappuccino sollten Sie wenigstens dies wissen: „chiaro" heißt mit wenig Espresso und viel Milch, „scuro" ist das Gegenteil davon. Und natürlich trinken Sie Ihren Cappuccino stets mit Milchschaum, niemals mit Schlagsahne!
- Bestellen Sie in Italien nie „caffè americano" – das entspräche dem normalen deutschen gefilterten Bohnenkaffee, und das ist in Italien ein absolutes No-go …

Überall, wo Kaffee genossen wird, gibt es viele Variationen. Vielleicht nicht so viele wie in Österreich oder Italien. Aber oft vermischt man Kaffee mit Milch, mit Sahne oder mit Alkoholika.

- In arabischen Ländern würzt man gerne mit Zimt, Nelken oder Koriander. Und er wird anders gekocht und serviert: Das Kaffee-

mehl bleibt beim Servieren nämlich im Metallkännchen,
der Kaffee wird vorsichtig in die Tassen gegossen.

- Türkischer Mokka wird stets bereits gesüßt und mit einem Schuss
Rosenwasser serviert. Ungewohnt für uns, vor allem wenn Sie
daheim nur Filterkaffee trinken.
- In Griechenland ist die Zubereitung ähnlich, aber serviert wird
ungesüßt und ungewürzt. Extra-Tipp für Griechenland: Bestellen
Sie niemals einen „türkischen Kaffee" – selbst wenn das sachlich
gesehen richtig wäre. In Griechenland gibt es selbstverständlich
nur „griechischen Kaffee"!

Was Sie sonst noch wissen sollten

- In Frankreich werden Sie von Einheimischen zu „le café" oder
„l'aperitif" eingeladen. Dann heißt das ganz klar: Sie bekommen
nur das entsprechende Getränk, aber nichts zu essen. Zum Kaffee kommen Sie mittags nach dem Essen, zum Aperitif abends
vor dem Essen. Absolut unüblich ist es, etwa zu einem Glas Wein
am späten Abend einzuladen.
- In Argentinien trinkt man Mate-Tee – und zwar mit einem silbernen „Strohhalm". Man sitzt gemütlich zusammen – und zieht
das Getränk durch den Silberhalm, alle gemeinsam aus einer
einzigen halben, ausgetrockneten Kürbisfrucht.
- In Vietnam gehört übrigens nicht etwa Coca-Cola, sondern Milch
zum letzten Schrei in Sachen Softdrinks. Nur reiche Vietnamesen
können es sich nämlich leisten, eiskalte Vollmilch zu trinken,
gerne mit einem Löffel Zucker verrührt. Wer richtig schick sein
will, tut also genau das – vor allem in der Öffentlichkeit. Selbst
wenn es ihm eigentlich nicht schmeckt. Sie machen also großen
Eindruck, wenn Sie sich in einer Bar ein Glas Milch bestellen …

Kapitel 5

Wenn Ja Nein bedeutet

Von fremden Gesten und lächelnden Mienen

Lächeln ist international? Sicher.
Aber: Nicht überall auf der Welt lächelt man auf die gleiche Art
und Weise. Bei uns ist es etwa üblich, laut heraus zu lachen,
die Zähne zu zeigen. Das gilt als offen und herzlich. Anderswo
versteckt man beim Lachen seinen Mund hinter der Hand. Und
tun Sie das als Gast oder Besucher eben nicht, sind Sie schlicht
und ergreifend nicht nur ins Fettnäpfchen getreten, sondern gelten
als grober Klotz, als unhöflicher Ausländer. Das ist zum Beispiel
in Japan so: Das Zeigen der Zähne ist einfach unschicklich – und
deshalb halten Sie sich beim Lachen (und auch beim Gähnen!) am
besten immer die Hand vor den Mund.

Lächeln bedeutet nicht immer und überall freundliches Entgegenkommen. In Südkorea etwa lächelt man, um Verlegenheit zu
verbergen oder sein Unbehagen dahinter zu verstecken. Und in
Thailand, das ja sogar den Beinamen „Land des Lächelns" hat, ist
es einfach eine Geste der Höflichkeit zu lächeln. Das hat nichts

damit zu tun, wie Europäer oft fälschlich meinen, dass man in diesem Land unaufrichtig sei. Es ist vielmehr so: Wer in Thailand nicht lächelt, gilt nicht nur als unhöflich, sondern es kann sogar Zeichen von Böswilligkeit, ja sogar unter Umständen Aggression sein. Das sollten Sie beim allerersten Zusammentreffen mit anderen Kulturen schon wissen – bevor Sie auch nur ein Wort gesprochen haben ...

Grüßen und Begrüßen – was kann danebengehen?

Sie können sich sicher vorstellen, dass Händeschütteln nicht überall auf der Welt üblich ist. Bei jeder Begrüßung ist das eigentlich beinahe nur bei uns so – sonst gilt eher die Devise: Man macht nur dann „shake hands", wenn man sich zum ersten Mal trifft. In vielen Ländern kennt man das „Gib-die-Hand" überhaupt nicht, dafür gibt es eine andere, aber sehr strenge Etikette, wie man einen anderen begrüßt.

Die Kunst der Verbeugung

In Japan – das wissen Sie sicher – zählt es zur wichtigsten Etikette überhaupt, sich zu verbeugen. Jeder Japaner tut es und das andauernd. In der Familie und im Job, privat und in der Öffentlichkeit. Es gibt unendlich viele Arten der „richtigen" Verbeugung, je nachdem, wer wem „untergeben" ist, wo man sich trifft, wie man zueinander steht. Der Winkel, in dem man sich verbeugt, ist entscheidend, und das lernt der Japaner von klein auf:

• Wer sich nur neutral zur Begrüßung verbeugt, tut das weniger tief als jemand, der besonders höflich sein will.

• Wer sich entschuldigt oder um etwas bittet, knickt tiefer ein als derjenige, der eine Bitte gewährt oder die Entschuldigung annehmen soll.

So mancher deutsche Lehrer würde es sich vielleicht wünschen, dass seine Schüler sich so wie japanische Kinder benähmen: Denn Schüler verbeugen sich im Land der aufgehenden Sonne vor ihren Lehrern, genauso wie ein Gastgeber vor seinen Gästen, genauso wie Verkäufer vor „König Kunde" (und das ist in Japan eben keine Redensart), genauso wie Schuldner vor ihren Gläubigern.

Als Ausländer werden Sie das Geheimnis um die richtige Verbeugung zur rechten Zeit wohl niemals erlernen. Machen Sie sich also besser nicht lächerlich und versuchen Sie es gar nicht erst. Selbstverständlich sind Sie höflich und verneigen sich – klar! Aber machen Sie nicht den Fehler, in Sachen Verbeugung perfekt sein zu wollen. Bei jungen Japanern ist mittlerweile – gerade gegenüber Europäern oder Amerikanern – eh der Handschlag durchaus üblich, hin und wieder auch eine Kombination mit Verbeugen.

In Thailand begrüßt man sich mit dem sogenannten „Wai": Sie legen die Hände gegeneinander, die Oberarme an den Körper und verbeugen sich leicht. Eigentlich ist der Wai kein Gruß, sondern eher eine Bezeugung gegenseitigen Respekts bei den Buddhisten. Wer in Thailand besonders höflich sein will, zeigt sich auch als Besucher des Landes respektvoll – und grüßt mit dem Wai. Ein echter Thailänder kennt natürlich noch Feinheiten:

• Wer einen Mönch begrüßt oder sich im Tempel aufhält, berührt beim Wai mit seinen Fingern die Stirn.
• Beim Gruß älteren Personen gegenüber (oder solchen, die in der Hierarchie über einem stehen), berührt man mit den Fingern die Stelle zwischen den Augenbrauen.

Mönche werden in Thailand, wie überall im Buddhismus, besonders geehrt. Und hier sind Sie, wenn Sie eine Frau sind, besonders gefordert: Niemals dürfen Sie einen Mönch berühren. Nicht nur als Ausländerin, das gilt genauso für alle Thai-Frauen. Das geht so weit, dass Sie sich im Tempel und auf der Straße nicht neben einen Mönch setzen oder stellen sollten. Sie dürfen aber natürlich respektvoll grüßen und auch mit einem Mönch sprechen.

Fingerschnippen und Nasenreiben

In vielen Ländern, in denen man sich normalerweise eben nicht mit „shake hands" begrüßt, haben sich die Menschen angepasst. Dort kennt man dann jedoch nicht unseren festen Händedruck, der ja als Zeichen eines starken Charakters gilt. Sondern der Händedruck ist eher schlaff – für uns beinahe unangenehm. Klar – wenn man eine Sitte nicht kennt, greift man ja nicht gleich in die Vollen!

- In Dahomen (Afrika) schnalzt man bei der Begrüßung mit den Fingern, während man in Nigeria sich gegenseitig an den Händen fasst und sich mit einem Ruck trennt, so dass Daumen und Finger schnalzen.
- Polynesier ergreifen die Hände ihres Gegenübers und streicheln mit ihnen übers eigene Gesicht. Oder sie blasen sich gegenseitig in die Hände oder die Ohren.
- Mongolen und Lappländer beriechen sich gegenseitig an den Wangen und berühren sich mit den Nasen.
- In Russland schütteln sich fast nur Männer die Hand – bei Frauen ist das nicht üblich. Achtung Falle: Bei Begrüßung und Verabschiedung schütteln Sie die Hände niemals über eine Türschwelle hinweg. Russischer Aberglaube besagt nämlich: Sonst kommt es bald zum Streit.
- In Südafrika schütteln sich Männer nicht nur die Hand bei der Begrüßung, sondern man umgreift mit der linken Hand auch den rechten Unterarm des Gegenübers – als Zeichen besonderer Aufrichtigkeit.
- Auf den Philippinen sagt man „Guten Tag", indem man beide Augenbrauen hochzieht und senkt.
- Pfadfinder kennen eine ganz besondere Geste zur Begrüßung: Man streckt die drei mittleren Finger der Hand aus, der Daumen liegt über dem kleinen Finger.
- Echte Surfer begrüßen sich mit der Geste „Hang Loose" – und die geht so: Daumen und kleiner Finger sind ausgestreckt, die drei anderen Finger nach unten geklappt. Die Geste heißt auch „Shaka" – und sie stammt ursprünglich aus Hawaii. Kleiner Tipp für Sie zum Angeben: Präsident Obama benutzt diese Geste, wenn er Gäste und Freunde aus Hawaii begrüßt.
- Rocker und Heavy-Metal-Fans haben als Gruß eine Geste, die anderswo als Beleidigung gilt, nämlich die „mano cornuto": Zeigefinger und kleiner Finger sind ausgestreckt, die beiden mittleren und der Daumen bilden aber eine Faust. Dieser Teufelsgruß zeigt aber in Italien an, dass jemand gehörnt – also betrogen – wurde. Deshalb Vorsicht!

Bussi Bussi – wie oft eigentlich?

In München hat es angefangen mit den „Bussis" zur Begrüßung. Mittlerweile hat sich's fast in ganz Deutschland ausgebreitet und es gehört in anderen Ländern völlig zum guten Ton. Man wundert sich allerdings schon ein wenig, wenn man beispielsweise in Portugal eine Hausbesichtigung durchführt und man zum Abschied von der Maklerin, die man gerade zum ersten Mal gesehen hat, auf beide Wangen geküsst wird. Von Frankreich kennt man das ja. Aber in Portugal? Egal. Es scheint, dass andere Länder diese Sitte ebenfalls haben.

Geküsst wird in Griechenland, Italien, Spanien, Portugal, Frankreich, Südosteuropa, Argentinien und in der Türkei sowie in Österreich und der Schweiz. Und so geht's richtig:

- Einmal küsst man in Costa Rica (und zwar auf die rechte Wange), auf Kuba und in Mexiko.
- Zweimal küsst man sich normalerweise: erst links, dann rechts (vom Küssenden aus gesehen), und zwar auf die Wange. Das macht man so in Frankreich, in Bulgarien, Brasilien, Chile, in den französischen Teilen Kanadas oder in Ungarn.
- Dreimal küsst man sich in der Schweiz und den Niederlanden, in Belgien, in Luxemburg, in Brasilien (vor allem bei jungen Leuten) und in Serbien.
- Bis zu viermal küsst man sich in einigen Regionen Frankreichs. Allerdings nur, wenn man sich bereits kennt. Seien Sie sicherheitshalber auf alles gefasst!

Man küsst übrigens niemals „richtig", sondern haucht nur einen „Luftkuss" an oder neben die Wangen.

Es gibt eine ganze Reihe von Ländern, in denen Körperkontakt beim Begrüßen absolut tabu ist – zum Beispiel in Singapur. Überhaupt ist das mit dem Körperkontakt so eine Sache. Dass man sich zwischen Männern und Frauen in islamischen Ländern nicht per Körperkontakt begrüßt, sollte klar sein. Nicht mal ein Handschlag ist drin, geschweige denn ein Begrüßungskuss. Am besten vermeidet man – sicherheitshalber! – sogar den geringsten Blickkontakt. Andererseits: Männer gehen hier gerne Hand in Hand. Das hat nichts, absolut nichts mit Homosexualität zu tun. Es ist einfach eine freundliche Geste, und Sie zucken besser nicht zurück, wenn Ihr arabischer Gastgeber beim Bummel durch den Basar Ihre Hand ergreift.

Die Kunst vom Umgang mit der Visitenkarte

Eine wahre Wissenschaft ist es, in Japan mit Visitenkarten umzugehen. Ohne sind Sie da ein Nichts. Praktisch nicht vorhanden. Mit Karte jedoch – olala. Da sieht es schon völlig anders aus. Ganz wichtig: Man zeigt seinen Respekt, indem man die Visitenkarte mit beiden Händen in Empfang nimmt. Und man überreicht sie auch mit beiden Händen. Das tut in Japan jeder. Nicht nur der Geschäftsmann, nicht nur die Businesslady. Nein – jede Hausfrau, jeder Student, ja beinahe jeder Schüler hat seine Visitenkarten. Sie sind sozusagen unerlässlicher Teil der Persönlichkeit.

Jeder Japaner taxiert sein Gegenüber nämlich anhand der Visitenkarte – und zeigt seinen Respekt, indem er sie ausgiebig betrachtet: Was steht da genau drauf? Aus welchem Papier ist sie? Ist die Schrift geprägt oder nur gedruckt? Welche Position hat der Gesprächspartner in seiner Firma? Ist die Karte mehrsprachig – also japanisch und beispielsweise deutsch oder englisch?

- Tabu ist es, eine überreichte Karte einfach achtlos in die Jacken- oder Hosentasche zu stecken.
- Tabu ist es, die Karte zu knicken, auf ihr herumzukritzeln, sie überhaupt unachtsam zu behandeln.
- Pflicht ist es, die Visitenkarte (die eigene und die Ihres Gesprächspartners) stets parat zu haben. Auch im Restaurant während des Geschäftsessens. Man weiß ja nie: Vielleicht müssen Sie ja schnell etwas nachschauen.

Tückisches in Sachen Handzeichen

Absolute Weltmeister in Sachen Gestik sind wohl die Italiener. Okay, man sagt auch anderen Südländern nach, dass sie mit den Händen sprechen. Aber was in Italien, und da auch noch regional verschieden, an unterschiedlichsten Gesten zu allen möglichen Situationen üblich ist, kann ein Außenstehender nicht kapieren.

Geschweige denn: jemals lernen. Versuchen Sie es also gar nicht erst, und vor allem: Ahmen Sie nicht irgendwelche Gesten nach, die Ihnen vielleicht gefallen, die Sie beeindruckend finden oder von denen Sie glauben, Sie wüssten, worum es geht. Das kann nur schiefgehen! Und Sie sitzen unter Umständen nicht nur tief im Fettnapf, sondern haben einen anderen tödlich beleidigt und müssen dann die Konsequenzen tragen.

Straßenvögel?

Im Straßenverkehr kennt man ja so manche Geste, die, je nachdem wann und wo man sie gebraucht, positiv oder ausgesprochen negativ wirkt. Viele Autofahrer untereinander kennen den „Vogel", den man sich gegenseitig zeigt. Polizisten und Richter können natürlich aus der jeweiligen Situation ableiten, ob jemand einen anderen per Fingerzeig schlicht und ergreifend übel beschimpft. Oder ob scheinbar ein allgemeines „Lob" der Fahrkünste des Gegners angezeigt wurde.

- In Deutschland, Österreich, ja wohl in ganz Mitteleuropa ist der „Vogel" ganz und gar nicht positiv gemeint. Sondern der deutliche Hinweis darauf, dass man an den geistigen Fähigkeiten und der Intelligenz des anderen ziemliche Zweifel hegt. Um es mal freundlich auszudrücken.
- In den Vereinigten Staaten dagegen ganz anders. Wenn hier jemand mit dem Finger an die Stirn zeigt, will er Sie ganz und gar nicht beleidigen. Und Sie rufen auch besser nicht gleich den Sheriff. In den USA nämlich bedeutet das schlicht und ergreifend: „Du bist clever!"
- In Japan geht es, wie wir alle wissen, stets gesittet zu. Man kann allerdings nicht ausschließen, dass im unendlichen Stau möglicherweise auch mal ein Japaner ausrastet. Dann sollten Sie wissen, wie er signalisiert, dass er wütend ist: Er legt die Finger wie Teufelshörner an den Kopf.

Die Zeichensprache im Straßenverkehr ist vielfältig. Mit den Fingern seiner Hand kann man eine ganze Menge ausdrücken. Zum Beispiel, indem man aus Zeigefinger und Daumen einen Kreis bildet. Und es ist faszinierend, wie sich ein deutscher Autofahrer im Straßenverkehr plötzlich um ausgesprochene Weltoffenheit und das

Wissen um globale Sitten und Gebräuche verdient macht, wenn er wegen genau einer solchen Geste vor den Kadi gezerrt wird. Da wird nämlich plötzlich völlig klar: Der Angeklagte wollte nicht etwa einen anderen wüst beschimpfen, sondern ihm die „doch allgemein international bekannte Geste für Okay" zeigen.

- In Deutschland ist der Kreis, den man aus Daumen und Zeigefinger bildet, eindeutig: Sie bezeichnen damit einen anderen ausgesprochen unfreundlich – als A...loch nämlich.

- In Nordamerika und Nordeuropa aber (und auch, wenn Sie einen Taucherlehrgang gemacht haben), wissen Sie um die ganz andere Bedeutung: Der Ring aus Daumen und Zeigefinger ist das allgemeine Zeichen für „alles in Ordnung".

- In Südamerika, und hier vor allem in Argentinien gilt dagegen: Der Fingerkreis ist ein No-go, weil unhöflichst besetzt.

- Im Norden Frankreichs ist die Bedeutung ähnlich wie in den USA: Der Franzose meint in diesen Regionen der „Grande Nation" nichts anderes als „sehr gut".

- Im Süden Frankreichs ist alles ganz anders: Der Fingerkreis steht symbolisch für „Du bist eine Null!" – und damit nichts wert.

- In Italien und Spanien denkt man ähnlich wie in Deutschland. Sie haben also keine Probleme, wenn Sie sich da im Urlaub vom Leihwagen heraus verständigen wollen ...

- In Griechenland und der Türkei allerdings lassen Sie dieses Handzeichen auf jeden Fall, wenn Ihnen Gesundheit und Leben lieb sind! Außer Sie haben eindeutige Absichten und sind außerdem sicher, dass Ihre Absichten auf Gegenliebe stoßen: In diesen Ländern fordern Sie mit dem Fingerkreis nämlich sehr eindeutig zum Sex auf ...

- In Tunesien, Griechenland, Russland und auf der Insel Malta zeigen Sie nicht nur sexuelle Gelüste an, sondern sehr eindeutige Präferenzen. Das kann gut gehen, wenn Ihr Gegenüber ebenfalls homosexuell ist. Allerdings kann es auch ganz schön danebengehen ...

- In Japan sieht man den Fingerkreis ganz pragmatisch – ohne sexuelle Absicht, ohne Beschimpfung, ohne Belobigung. Hier bedeutet es schlicht und ergreifend (etwa bei Geschäftsverhandlungen): „Von jetzt an können wir über Geld sprechen!"

Obszön oder nicht?

Die Feigenhand, also die geballte Faust mit dem Daumen zwischen Zeigefinger und Mittelfinger – das ist in vielen Ländern eine obszöne Anspielung. In Europa und China ist diese Geste sehr ordinär und ist eine eindeutige Aufforderung. Anderswo aber eben nicht:

- In Brasilien und Venezuela gilt dies als Zeichen für Glück – aber bitte nur in diesen beiden Ländern. In anderen südamerikanischen Ländern ist's nämlich beleidigend.
- In Russland dagegen bedeutet das nur: „Meine Hand ist leer, das bekommst du nicht!"
- In Venezuela ist es ausgesprochen vulgär, wenn man die ausgestreckte Hand auf und ab bewegt.

Das Victory-Zeichen kennen wir alle. Nicht nur Bundesbankchef Josef Ackermann hat es benutzt, um damit auszudrücken, dass er vor Gericht seinen Prozess gewinnen wird. Vielleicht hat jeder von uns schon einmal stolz das „V" gezeigt – um auszudrücken, dass man siegessicher ist, dass man eine Arbeit oder ein Projekt gut abschließen wird. Teilweise bedeutet dieses Zeichen bei uns auch so etwas wie „peace". Aber Vorsicht!

- In England und Australien gilt das Victory-Zeichen so viel wie bei uns der „Stinkefinger". Und das, obwohl ja selbst der britische Premierminister Winston Churchill diese Geste benutzt hat. Das Victory-Zeichen wandelt sich dann zu übler Beschimpfung, wenn man dabei den Handrücken zum Gegenüber zeigt. Seien Sie sich allerdings nicht sicher, dass das jeder in England und Australien genau zu unterscheiden weiß. Um jedem Fettnäpfchen wirklich aus dem Weg zu gehen, lassen Sie es am besten ganz!

„Thumbs up" – also „Daumen nach oben" – das kann doch eigentlich nur positiv gedeutet werden, meinen Sie? Falsch! Beim Trampen, als Smiley im Internet, bei den alten Römern und ihren Gladiatorenkämpfen und bei uns ist das so. Aber woanders? Weit gefehlt.

- In arabischen Ländern – und das sollte man da also tunlichst vermeiden! – bedeutet der Daumen nach oben eine eindeutige Aufforderung (dreimal dürfen Sie raten …). Und nachdem man in diesen Regionen der Welt ja nun wenig zu liberalem Denken in Sachen Sex neigt, kann das lebensgefährlich werden. Steinigung ist in vielen islamischen Staaten die passende Strafe für Ehebruch. Und wissen Sie, ob nicht doch ein Einheimischer Ihren Daumen als Aufforderung zum außerehelichen Geschlechtsverkehr deutet? Eben.

- In Australien und merkwürdigerweise ausgerechnet in Nigeria ist der nach oben gestreckte Daumen das Zeichen dafür, einen anderen Menschen wegzuschicken. Vor allem dann, wenn Sie den Daumen noch leicht hin und her bewegen. Also ganz und gar nichts Positives!
- In Brasilien gilt der rechte Daumen nach oben als Zeichen, dass man rundherum glücklich ist, sich seines Lebens freut, und dass alles mehr als „nur okay" ist.

Ja oder Nein – was ist denn nun eigentlich gemeint?

Das ist doch wohl klar, meinen Sie:
Wer mit dem Kopf nickt sagt Ja, der den Kopf schüttelt, meint Nein. Leider falsch! Und Sie müssen gar nicht mal so weit reisen, um genau das Gegenteil zu erfahren.

- Schon im äußersten Süden des italienischen Stiefels ist es nämlich ganz anders. Wer hier etwas verneint, nickt mit dem Kopf. In Süditalien wirft man den Kopf sogar regelrecht in den Nacken. Genauso übrigens wie in vielen arabischen Ländern, in der Türkei und in Griechenland. Also Vorsicht, wenn Sie das nächste Mal in den Urlaub fliegen. Sie wissen ja nun Bescheid und wundern sich nicht mehr, wenn Ihnen beim Handeln auf dem Markt mit heftigem Kopfnicken ein deutliches Nein gestikuliert wird.
- Kopfschütteln als „Ja" gibt es dagegen in Indien und Pakistan. Und – falls Sie nicht ganz so weit reisen möchten – auch in Bulgarien. In Äthiopien ist es ein „Ja", wenn man den Kopf in den Nacken wirft.

„Nein" sagt man in anderen Regionen mit vielen anderen Gesten:
- In Griechenland zieht man die Augenbrauen hoch.
- In Süditalien und Sardinien schlägt man mit der Hand an das Kinn.

- In Japan deutet sich ein „Nein" an, wenn jemand die Luft zwischen den Zähnen einzieht. Sozusagen also regelrecht zischt. Und eine in den Nacken gelegte Hand sagt dasselbe aus. Falls ein Japaner jemandem überhaupt einmal deutlich ein Nein bedeuten will, wedelt er sich mit der Hand vor dem Gesicht herum – so ähnlich wie ein Scheibenwischer.
- In Indien ist ein Nein lediglich ein kurzes Kopfzucken – und wenn Sie Glück haben, wird dazu noch eine abfällige Handbewegung gemacht. Dann wissen Sie wenigstens Bescheid. In allen anderen Fällen müssten Sie raten.

Kommt Ihnen das etwa alles zu kompliziert vor? Keine Sorge! Es gibt ja auch die Möglichkeit, nicht mit Gesten, sondern mit Worten Ja oder Nein zu sagen. Allerdings: Es gibt jedoch durchaus Länder, wo nicht mal das klappt, in denen selbst ein ausgesprochenes Ja keines ist. Auch da müssen Sie gar nicht in die Ferne schweifen.

Alles klar in Schweden? Oh nein!

In Schweden fragen Sie besser niemals ausdrücklich nach der Meinung: Der Schwede ist nämlich mehr als zurückhaltend. Vielleicht liegt es daran, dass man hier in den unendlichen Weiten der schwedischen Wälder gar zu selten auf andere Leute trifft, und deshalb dann vermeiden möchte, die allzu schnell vor den Kopf zu stoßen. Jedenfalls: Man gilt hier schnell als Wichtigtuer, wenn man die eigene Meinung klar und deutlich kundtut. Stellen Sie also Fragen lieber indirekt – damit erlauben Sie Ihrem schwedischen Gegenüber, ebenso indirekt und eben nicht mit der dezidiert eigenen Meinung zu antworten.

Logo, dass man im Land der Elche und Möbelhäuser höchst ungern ein klares Nein von sich gibt. Man umschreibt das lieber. Etwa mit Ausdrücken wie „das wird schwierig" (schwedisch: „det blir svärt!") oder „ja, da muss ich erst mal nachfragen". Wenn Sie auf jede Frage eine solche Antwort bekommen, ist selbst bei Ikea die Sache klar: Nichts geht! Schweden wissen das. Und Sie jetzt auch.

Nicht mal ein klares und freudiges Ja wird man in Schweden hören. Man sagt lieber „jag tror det" („ich glaube das"). Der Grund: Kein Schwede will irgendwie besserwisserisch oder allzu selbstbewusst erscheinen und auftreten. Das wäre nämlich ein Stilbruch und ist im gesellschaftlichen Leben ein absolutes Tabu. Schweden stellen niemals sich selbst in den Vordergrund, sondern immer die Gruppe, das Team. Sie nehmen sich nicht nur in der Öffentlichkeit, sondern auch im privaten Leben zurück, und eine klare Ansage wie „Ja" oder „Nein" könnte ja den anderen die eigene Meinung aufzwingen. Dazu kommt natürlich auch noch der angenehme Nebeneffekt: Wer immer nur „ich glaube das" oder „das wird schwierig" sagt, entzieht sich locker jeder späteren Kritik, wenn etwas tatsächlich schiefgeht oder nicht so eintritt, wie man es erwartet. Gar nicht so dumm, diese Methode! Leider kommen Sie damit nur in Schweden durch (okay, möglicherweise auch in Japan und anderen asiatischen Ländern). Nicht aber im Alltagsleben in Deutschland und Mitteleuropa!

Warum Japaner immer Ja sagen

In vielen asiatischen Ländern ist das genauso wie in Schweden. Man möchte einem anderen, und noch dazu einem Gast, einem Ausländer, nicht einfach ein Nein vor den Kopf knallen (auch den eigenen Landsleuten natürlich nicht, nur wissen die eben von Kindesbeinen an mit den unterschiedlichen „Jas" umzugehen). Also sagt man entweder Ja – und das ist dann besonders verwirrend. Oder aber man umschreibt den negativen Bescheid – mit blumigsten Ausflüchten, mit Gegenfragen, mit Antworten, die scheinbar gar keine sind, aber bei genauem Hinhören eine Lösung beinhalten. Sie wissen ja: Niemand will das Gesicht verlieren, weder Frager noch Antwortender. Das kann ein ziemlicher Eiertanz werden.

- Selbst wenn ein Japaner Dutzende Male „hai" sagt, hat das überhaupt nichts zu bedeuten. Das Wort heißt zwar Ja, aber eher in der Art, dass man einem anderen Sprecher damit zeigt, dass man ihm zuhört. Nicht mehr. Und ganz bestimmt nicht, dass man ihm zustimmt!
- Ein typisches „Nein" klingt in Japan etwa wie „es ist anders als Sie meinen" oder „wollen Sie nicht lieber …?" Da muss man erst

mal drauf kommen! Es soll ja auch Fragen geben, die eindeutige Antworten erfordern ...

- In Vietnam erkennen Sie ein „Nein" daran, dass man Ihre Frage einfach überhört. Selbst wenn Sie es dann immer dringlicher machen – ein klares „Nein" werden Sie einem Vietnamesen kaum abringen. Eher kommt dann eine Gegenfrage oder eben ein „Vielleicht".

- In Tschechien müssen Sie besonders gut hinhören: Denn Ja heißt hier „ano" – und wenn man da nicht genau hinhört und aufpasst, versteht man schnell das Gegenteil – also „no". Gerne hält man es für das englische Nein – in der Annahme, dass man Ihnen als Ausländer das Ganze ein wenig erleichtern möchte. Dabei heißt Nein auf Tschechisch „ne".

Ich, Du und alle anderen: Wo deuten Sie denn hin?

Das ist doch wohl einfach, meinen Sie. Wie man auf sich selber deutet, das wissen Sie doch ganz genau. Da gibt es doch nicht etwa auch Unterschiede? Oh doch:

- In Deutschland zeigt man auf sich selbst, indem man mit dem Zeigefinger auf den eigenen Körper deutet. Etwa in Bauch-oder Brusthöhe.

- In den USA macht man's anders: Man legt die ganze Hand flach auf den Körper, etwa dahin, wo sich das Herz befindet.

- In Japan deutet man mit ausgestrecktem Zeige- und Mittelfinger auf die eigene Nase.

- Achtung beim Urlaub in Italien: Hier hat diese Geste eine völlig andere Bedeutung. Nämlich so viel wie: „Hier stimmt etwas nicht, das rieche ich doch ...!"

- In Indien deutet man mit dem Kinn auf einen anderen, niemals mit dem Finger oder mit der Hand. Und den Taxifahrer oder Kellner rufen Sie zu sich, indem Sie den Arm komplett ausstrecken und mit der Handfläche nach unten winken.

- In Argentinien ruft man jemandem per Geste zu, er möge sich beeilen, indem man die Hand hin und her bewegt und Daumen und Zeigefinger zusammenlegt. Den Kellner winken Sie an den Tisch, indem Sie die Handfläche nach unten halten und die Finger vor und zurück bewegen.

- In Spanien, Portugal, Italien, Tunesien, Griechenland und der Türkei, auf der Insel Malta und in Südostasien ist es üblich, jemanden zu sich her zu winken, indem man die ganze Hand mit der Handfläche nach unten hält und dann eine Bewegung macht, als würde man etwas von sich wegschaufeln.
- In Japan macht man das genauso – nur wer sein Haustier zu sich ruft, dreht die Hand um und winkt mit der Handfläche nach oben.
- In Großbritannien, Skandinavien, den Niederlanden, Frankreich und Belgien, Deutschland und Österreich ist es dagegen umgekehrt wie im Süden Europas: Hier hält man die ganze Hand mit der Handfläche nach oben und winkt zum eigenen Körper hin.
- In Frankreich nimmt man zum Herbeiwinken einer anderen Person manchmal sogar nur den nach oben gerichteten Zeigefinger. Das ist bei uns dagegen eher etwas spöttisch-übertrieben gemeint – man kennt es eigentlich nur bei Kindern. Oder aber im Spätabendprogramm, wenn sich bestimmte Damen lasziv auf dem Fernsehschirm räkeln und jemanden anlocken wollen ...

Auf andere Personen zeigt man nicht mit dem Finger. Diese Regel lernt man bei uns schon von klein auf, gerne mit dem Zusatz „mit nacktem Finger zeigt man nicht auf angezogene Leute". Das hat natürlich einen Grund: Gerade der Zeigefinger gilt nach alter Tradition als „Überträger" von Kraft. Positiver wie negativer. Wer also mit seinem Finger auf einen anderen deutet, kann ihm alles Böse wünschen. Deshalb vermeidet man es lieber. Und diese Regel gilt in vielen anderen Ländern.

- In Thailand ist das ganz besonders der Fall, und hier winkt man einen anderen nicht mal mit dem Finger heran. Man benutzt den Kopf dazu – und das gilt ja bei uns eher als unhöflich. Ganz wichtig in Thailand – und in vielen anderen asiatischen Ländern: Man zeigt niemals mit dem Fuß auf eine andere Person. Auch nicht auf einen Gegenstand. Und auch nicht – und hier wird es schwierig! – während des Schlafs. Wenn Sie im Flugzeug oder Bus sitzen und einschlafen, sorgen Sie besser dafür, dass Ihre Füße auf dem Boden stehen. Wer mit dem Fuß auf einen anderen zeigt, beleidigt diesen schwer. Deshalb steigt man nicht über jemanden hinweg, der am Boden sitzt oder am Strand liegt. Das geht so weit, dass Sie sogar wegen Majestätsbeleidigung belangt werden können, wenn Sie etwa auf eine Banknote treten, auf der Thailands König abgebildet ist … Noch etwas ist wichtig in Thailand: Wer seine Hände vor der Brust verschränkt oder aber in die Hüften stemmt, zeigt sich eindeutig ablehnend gegenüber einem Mitmenschen.

- In Indien entschuldigt man sich mit den Händen: Man zeigt dem Gegenüber die offene Handfläche und legt die Hände dann aufs Herz. Die Ohren gelten den Indern als heilig – das Berühren der Ohren assoziiert Aufrichtigkeit. Sind Sie in ein Fettnäpfchen getreten, können Sie zeigen, dass es Ihnen unangenehm ist: Sie können beide Ohrläppchen zwischen die Finger nehmen und zeigen so Ihre Entschuldigung an.

Zahlenspielereien

Mit den Fingern zählen – das tun nicht nur kleine Kinder. Kennen Sie den Film „Inglourious Basterds" von Quentin Tarantino? Da fliegt ein als deutscher Soldat verkleideter Engländer auf, weil er beim Ordern von Getränken „falsch" mit den Fingern zählt: Er bestellt drei Drinks, indem er Zeigefinger, Mittelfinger und Ringfinger ausstreckt. Wir in Deutschland tun das nämlich so: Wir zählen mit Daumen, Zeigefinger und Mittelfinger „auf drei". Tja, und das war's dann mit dem Filmhelden.

- In Großbritannien und den Vereinigten Staaten beginnt man das Zählen mit dem Zeigefinger – der ist die Eins. Der Mittelfinger die Zwei, der Ringfinger die Drei, der kleine Finger die Vier und der Daumen dann die Fünf.
- Achtung in Großbritannien: Es ist absolut tabu, wie beim Victory-Zeichen lediglich Zeige- und Mittelfinger für eine Zwei zu heben.
- In Portugal, Spanien und auch vielen Ländern Südamerikas zählt man von hinten nach vorne: Der kleine Finger ist die Eins, der Ringfinger die Zwei, der Mittelfinger die Drei, der Zeigefinger die Vier, der Daumen die Fünf. Und man nimmt den Daumen derselben Hand sozusagen zum Abzählen.
- In Japan, Korea und Thailand dagegen macht man es nochmals anders: Man beginnt mit dem Daumen – also der Eins, doch dann klappt man die einzelnen Finger ein.

Von der Hand in den Mund?

Kaum zu glauben – aber es gibt sogar eine ganze Menge Unterschiede und damit Benimmfallen, wenn Sie sich in einer Bar oder im Restaurant aufhalten und bestellen wollen.

- In Deutschland deutet man Hunger und Durst mit der entsprechenden Handbewegung an: Man hebt etwa ein imaginäres Glas an den Mund. Und für Essen tut man so, als führe man einen Löffel oder eine Gabel an die Lippen.

- In Südeuropa, Südamerika und vielen anderen Ländern dagegen führt man die Hand mit zusammengedrückten Fingerspitzen an den Mund – gerade so, als würden Sie etwas mit den Fingern essen.

- In Japan und China deutet man den Wunsch nach Essen mit einer Schale an: Die linke Hand ist geöffnet wie eine Suppenschale, die rechte symbolisiert mit Zeige- und Mittelfinger zwei Essstäbchen.

- In Indien zeigen Sie an, dass Sie noch Durst haben, indem Sie mit der rechten Hand eine Faust bilden, der Daumen bleibt ausgestreckt nach oben. Und dann bewegen Sie die Faust Richtung Mund und machen eine Kippbewegung – als ob Sie etwa ein Glas austrinken. Und das Gegenteil, also die Toilette? Haben Sie in Indien Durchfall und benötigen dringend eine Toilette, schütteln Sie Ihre Hand in Höhe des Hinterteils aus.

- In Portugal zeigen Sie dem Koch oder der Köchin, privat und im Restaurant, wie gut es Ihnen geschmeckt hat, wenn Sie Ihr Ohrläppchen zwischen Zeigefinger und Daumen reiben.

Übrigens:
Ist man in Indien mal ins Fettnäpfchen getreten – das kann ja nun wirklich jedem überall auf der Welt passieren –, gibt es noch eine Extra-Geste, um zu zeigen, wie furchtbar peinlich einem das ist: Schieben Sie einfach die Zunge zwischen die Zähne und setzen Sie eine überraschte Miene auf. Dann noch die rechte Hand bewegen, als ob Sie ein paar Tropfen Wasser abschütteln wollten – et voilà: Damit weiß jeder, dass Sie um Ihren Fauxpas wissen und dass er Ihnen leid tut.

Kapitel 6

Verkehrsprobleme

Von Lückenflitzern, Linksfahrern und Rechtsüberholern

Eine alte Weisheit von weit gereisten Menschen besagt: Wer sich einmal in Paris an der Place de la Concorde durch das Verkehrsgewühl geschlagen hat, ist jeglichem Straßenverkehr auf dieser Welt gewachsen. Dieser Knotenpunkt ist der zweitgrößte Platz in ganz Frankreich, natürlich der größte in der französischen Hauptstadt – und so ganz nebenbei der verkehrsreichste.

Andere meinen, auch Athen, Rom und Istanbul böten ganz interessante Verkehrserfahrungen. Sei es wie es sei: Wie man sich auf der Straße verhält, ob im Auto, mit dem Fahrrad, als Fußgänger oder in öffentlichen Verkehrsmitteln, unterscheidet sich in vielen Regionen der Welt dann doch eine ganze Menge von dem, was wir in Deutschland (oder Mitteleuropa) gewöhnt sind. Paris liegt ja im westlichen Teil des europäischen Kontinents, und es gehört damit nicht mehr zum altvertrauten Mitteleuropa …

Klar: Überall gelten natürlich Verkehrsregeln.

Bloß: Ob man die einhält, ob die Polizei wirklich kontrolliert, ob man etwa gar mit empfindlichen Strafen rechnen muss, wenn man sich auf der Straße „daneben benimmt" – das ist ja nun eine ganz andere Sache. Wobei das natürlich nicht heißen soll, dass Sie woanders alle Fünfe gerade sein lassen können und sollen und jegliche Verkehrsregel als Makulatur betrachten. Aber schauen Sie selbst, wie es anderswo zugeht ...

Chaos vorprogrammiert?

Autofahren ist in Ländern des südlichen Europa oft ein Abenteuer. Alle Großstädte sind verstopft, es geht chaotisch zu und irgendwie scheinen alle gleichzeitig aufeinander loszufahren. Sie aber sind mit einem Leihwagen unterwegs, das Auto ist ungewohnt, und wenn Ihnen zum ersten Mal etwa auf der Pariser Place de la Concorde im Kreisverkehr aus zehn Spuren und scheinbar allen möglichen Richtungen Fahrzeuge entgegenkommen – tja, da kann einem schon ganz anders werden! Aber die Devise heißt: Augen zu und durch! Natürlich nicht wörtlich „Augen zu". Aber im Prinzip. Es hat wenig Sinn, wenn Sie sich nicht hinein trauen – sonst stehen Sie nämlich tagelang und verbringen Ihren wertvollen Urlaub ängstlich zitternd in blauen, giftigen Abgaswolken. Da können wir uns Schöneres vorstellen!

Parken oder nicht? Verwirrung nicht nur bei den Briten

Okay: In anderen Ländern sind die Autos vielleicht nicht immer so blitzend und unversehrt wie bei uns. Andererseits: Ein Auto ist ein Gebrauchsgegenstand. Natürlich ist es zum Beispiel in Italien, Frankreich, Portugal und Großbritannien auch ein Statussymbol. So ist das ja nun nicht. Aber einem Portugiesen macht es eben einfach weniger aus (und einem Italiener oder Franzosen ebenfalls nicht), wenn der schicke Mercedes oder der nigelnagelneue Porsche oder der schnittige Alfa Romeo einen Kratzer im Lack hat. Man parkt hier gerne „nach Gehör". Und Parkverbote sind dazu da, sie zu missachten.

- In Portugal etwa kann man bedenkenlos vor den Augen des Gesetzes, also sogar direkt vor der Polizeistation, im eigentlichen

Parkverbot mal kurz stehen bleiben. Und wenn Sie dann noch einen Beamten mit freundlichem Lächeln nicht nur um Erlaubnis bitten, sondern auch darum, mal eben kurz aufs Auto aufzupassen, ist das ebenfalls drin. Auch Halteverbote werden nicht stets furchtbar ernst genommen. Solange Sie allerdings nur halten, nicht aber offensichtlich parken. Also am besten Warnblinkanlage anschalten! Und natürlich immer mit einem Ohr lauschen, ob ein anderer Autofahrer hupt. Das ist dann nämlich das Zeichen für Sie, schnellstens aus der Post, dem Laden, der Bankfiliale hinaus zu sprinten und Ihr Fahrzeug freundlich lächelnd wegzufahren. Böse ist Ihnen kaum jemand. Allerdings sollten Sie es sich dann zur Angewohnheit machen, ebenfalls freundlich und nicht stocksauer zu reagieren, wenn mal jemand Ihr Auto kurzzeitig blockiert.

- In Paris und vielen anderen Großstädten Europas ist es absolut unüblich, beim Parken die Handbremse anzuziehen und den Gang eingelegt zu lassen. Der Grund: Es gibt so wenig Parkraum, dass sehr eng geparkt wird. Und es kann Ihnen durchaus passieren, dass Sie Ihr Auto ein paar Meter weiter wiederfinden und eben nicht genau an der Stelle, an der Sie es am Abend vorher abgestellt hatten. Die Stoßstange heißt eben so, weil man sie durchaus anstupsen darf. Und nicht, weil sie ein besonders wertvolles Zubehör des Autos ist.

In Großbritannien ist Halten und Parken manchmal gar nicht so einfach. Viele Städte und Dörfer haben nämlich nur sehr kleine Verbots- beziehungsweise Gebotsschilder. Viel einfacher ist es, sich auf die Straßenmarkierung zu verlassen. Linien am Fahrbahnrand zeigen Ihnen nämlich genau, was zu tun ist. Allerdings ist das manchmal leicht verwirrend:

- Parkverbot bedeutet eine durchgezogene gelbe Linie.
- Ist die Linie einfach, gilt das Verbot nur zu bestimmten Zeiten.
- Ist die Linie doppelt gezogen, darf hier zu keiner Zeit geparkt werden.
- Eine gestrichelte gelbe Linie zeigt an: Hier dürfen Sie für kurze Zeit parken oder halten, und ein kleines Schild sagt aus, wie lange.
- Eine durchgezogene rote Linie (vor allem in London zu finden) bedeutet Halteverbot zu bestimmten Uhrzeiten (meist zwischen sieben und 19 Uhr). Achten Sie dennoch auf das nebenstehende Schild!

- Zwei durchgezogene rote Linien bedeuten absolutes Halteverbot zu jeder Tageszeit – und hier werden geparkte Fahrzeuge sofort abgeschleppt.
- Gittermuster in Gelb an Kreuzungen bedeuten, dass Sie hier keinesfalls stehen bleiben können. Sie dürfen also nicht einmal in einen Kreuzungsbereich einfahren. Selbst wenn der Verkehr sich an der Ausfahrtstraße staut.

Alles klar? Dann viel Spaß beim nächsten Trip nach Großbritannien!

Bei Rot stehen, bei Grün gehen – oder wie war das?

Man sagt es den Italienern nach und natürlich den Franzosen: Verkehrsampeln sind aber nicht nur bei diesen beiden Völkern, sondern in vielen südeuropäischen Ländern eher Ziergegenstände. Okay – man sieht vielleicht, dass die Ampel Rot zeigt. Aber ist das ein Grund, wirklich auf die Bremse zu treten und anzuhalten?! Manchmal sieht das sogar die Polizei nicht ganz so eng.

- In Italien, Portugal und Frankreich kann es Ihnen passieren, dass ein freundlicher Polizist Sie über die rote Ampel winkt. Und zwar nicht, weil es gerade einen Notfall gibt oder eine Unfallstelle umfahren werden muss. Sondern weil man in diesen (und manch anderen Ländern) eher darauf bedacht ist, den Verkehrsfluss am Laufen zu halten und sich nicht sklavisch von irgendwelchen roten Lämpchen beeindrucken zu lassen. Das gilt dann übrigens natürlich auch für das Stoppzeichen, das Schild „Vorfahrt achten" und Ähnliches. Meist kommt man hier mit der einfachen Regel „rechts vor links" bestens klar. Man fährt stets mit Blickkontakt – und irgendwie funktioniert das manchmal besser als bei uns in Deutschland. Und weil das Auto hier nicht wie ein Heiligtum behandelt wird, an dem nicht der kleinste Kratzer und nicht die winzigste Delle sein darf, klappt das ganz gut.
- In Großbritannien gilt an der Fußgängerampel natürlich die Regel „bei Rot stehen, bei Grün gehen". In der Praxis allerdings sieht es anders aus: Selbst Polizisten winken Passanten über die Straße, wenn kein anderes Fahrzeug in Sichtweite ist. Das gilt aber umgekehrt nicht für Sie als Autofahrer: Sie halten sich bitte an das Stopp bei Rotlicht. Noch eine Besonderheit gibt es auf den britischen Inseln: An den Fußgängerampeln kennt man eine „Übergangsphase". Für Autofahrer blinkt dann schon das

Gelblicht, Fußgänger sehen aber noch das grüne Licht. In dieser kurzen Zeitspanne dürfen Fußgänger nicht mehr beginnen, die Straße zu überqueren – sie dürfen aber wohl ihren Weg fortsetzen, wenn sie bereits auf der Straße waren. Als Autofahrer jedoch dürfen Sie nur dann anfahren, wenn sich wirklich kein einziger Fußgänger mehr auf der Straße befindet. Das haben Sie aber jetzt hoffentlich verstanden!

- In Großbritannien, Australien, Neuseeland, Kenia und Thailand (überall eben, wo mal das britische Empire geherrscht hat) gibt es Linksverkehr. Das heißt nicht, dass unsere altbekannte Regel „rechts vor links" außer Kraft gesetzt ist. Ganz im Gegenteil! Aber keine Panik: In der Praxis jedoch gilt rechts vor links allerdings nur in einem Kreisverkehr. An allen anderen Kreuzungen finden Sie entweder Schilder oder Fahrbahnmarkierungen: Die doppelte Linie bedeutet „Stopp", eine doppelte, jedoch gestrichelt unterbrochene Linie heißt „langsam heranfahren".

- In Vietnam und Thailand ist in den Großstädten, vor allem in Bangkok, die Teilnahme am Straßenverkehr ein stressiges und chaotisches Abenteuer. Bangkok besteht rund um die Uhr, 24 Stunden an sieben Tagen der Woche, praktisch aus einem einzigen großen Stau. Gar nicht mal wegen der Autos, sondern wegen der vielen kleinen Mopeds und scheinbar Millionen Fahrräder. Wenn Sie als Fußgänger unterwegs sind, müssen Sie beherzt sein: Zögernd am Straßenrand stehen, gehen und wieder stehen bleiben – damit kommen Sie nicht weiter. Stürzen Sie sich ins Gewühl – zielstrebig, aber natürlich nicht lebensmüde! Gehen Sie ohne zu stocken auf die andere Straßenseite – natürlich mit Blick auf die Fahrzeuge, aber ohne Zaudern. Übrigens: Trauerzüge dürfen in Vietnam nicht überholt werden. Und Sie zeigen besonderen Respekt, wenn Sie sich verbeugen, falls Sie einem solchen Zug begegnen.

- In Griechenland und in Indien, manchmal auch auf dem Lande in Portugal, sind Kühe, Schafe und Ziegen gleichberechtigte Verkehrsteilnehmer. Und das nicht nur auf unbefestigten Wegen, wo man so etwas vielleicht erwartet. Nein, auch auf gut ausgebauten, ja sogar mehrspurigen Straßen kann Ihnen das passieren.

- In Griechenland ist es außerdem völlig normal, dass man einfach anhält, dass man abbiegt ohne zu blinken, dass man Smalltalk mitten auf der Straße hält, dass man selbstverständlich bei Nacht ohne Licht durch die Gegend kurvt.

- In Neuseeland gibt es die Bezeichnung „metal road". Damit sind aber keine Straßen aus Metall gemeint. Sondern unbefestigte Straßen aus Schotter oder Kies. Das sollte man wissen, wenn man im Urlaub mit dem Leihwagen unterwegs ist … Wundern Sie sich übrigens nicht, wenn ein Neuseeländer sein Auto liebevoll „Ute" nennt: Das ist kein Kosename, und es ist auch nicht so, dass Autos in Neuseeland stets weiblich sind. Ute ist vielmehr ein Automodell – eine Art Pritschenwagen, so ähnlich wie eine klassische Limousine, die nach den Vordersitzen in einen Klein-lastwagen „übergeht".

- In Indien ist es üblich, dass man am Bahnübergang nicht ordent-lich hintereinander wartet, bis der Zug durchgefahren ist. Das wäre wahrlich viel zu einfach und vor allem nicht chaotisch ge-nug! Deshalb warten in Indien alle Verkehrsteilnehmer nebenein-ander an der Schranke. Und wehe, wenn die dann aufgeht … Ein Football-Spiel in den USA ist dagegen eine harmlose Plänkelei.

- In Russland geht es ebenfalls nicht gerade geordnet zu im Straßenverkehr. Verkehrsregeln – naja, die gibt es zwar. Aber Sie werden keinen Russen finden, dem es normal vorkommt, einem anderen Verkehrsteilnehmer freiwillig Vorrang einzuräumen. Wo käme man denn da hin?

Benzin im Blut: Von der Leidenschaft beim Autofahren

- In Italien existieren Einbahnstraßen, klar. Allerdings heißt das nicht, dass sich der Verkehr in einer solchen Straße nur in eine Richtung bewegt. Je weiter nach Süden Sie in Italien kommen, desto eher kann es passieren, dass Sie mit Gegenverkehr rechnen müssen. Und wenn Sie einmal aus Versehen in die verkehrte Richtung fahren? Kein Problem! Das kann ja mal passieren. Und Sie sollten nicht in Panik verfallen, wenn beispielsweise ein paar Carabinieri Sie plötzlich verfolgen. Das muss nicht bedeu-ten, dass Sie jetzt eine Strafe wegen Falschfahrens bekommen. Es kann durchaus sein, dass man Sie nur freundlich darauf aufmerksam macht, dass Sie seit Stunden am helllichten Tag mit eingeschaltetem Scheinwerfer durch die Gegend kurven …

- Italien und Hupen – das ist praktisch ein und dasselbe. Die Betä-tigung der Hupe ist praktisch Volkssport. Man gibt hier das Signal nicht in der Absicht, dem anderen zu sagen „ich habe dich gesehen und du kannst jetzt fahren". Der Italiener meint mit dem Hupensignal nur eines: „Achtung, jetzt komme ich!" Und dann fährt er drauflos – ohne Rücksicht auf Verluste beziehungsweise in der sicheren Annahme, dass alle anderen das respektieren. Achtung: Auf Bergstraßen, die ja manchmal etwas unübersichtlich sind, ist das Hupen vor Kurven und Tunnels Vorschrift. Klar, dass das jedem italienischen Autofahrer sehr entgegenkommt. Und Sie lernen es besser für diese Fälle und Situationen ebenfalls.

- In Portugal scheint das Straßenverkehrsamt eine ganz besondere Vorliebe für Kreisverkehre zu haben. Und das schon seit vielen, vielen Jahren. In Deutschland gibt es das natürlich auch, und jeder deutsche Autofahrer hält sich (naja, zumindest meistens!) peinlichst genau an die Verkehrsregeln, die hier gelten. Portugiesen sehen's eher sportlich: Man fährt in den Kreisverkehr ein und man fährt wieder hinaus. Blinken? Fehlanzeige! Lustig kreuzt man von der äußersten zur innersten Spur und wieder zurück, selbstverständlich ohne darauf zu achten, ob da vielleicht mittlerweile ein anderes Fahrzeug aufgetaucht ist. Urlauber erkennt man hier daran, dass sie sich nur zögernd in der „Rotunda" bewegen, und dass sie auch ständig – für einen Portugiesen: völlig überflüssigerweise! – den Blinker betätigen.

- In Spanien geht es ebenfalls wesentlich hektischer zu als bei uns. Irgendwie scheint der Spanier die Straße eher für einen Spielplatz zu halten: Hier kann man sich austoben, und wenn es mal kracht – na und?! Bagatellschäden sind hier der Normalfall. Eines allerdings müssen Sie beachten: Selbst wenn sich die Spanier wenig an genaue Verkehrsvorschriften halten – Sie als Tourist tun das bitte unbedingt! Denn die spanische Polizei geht rigoros gegen Verkehrssünder vor. Nicht nur auswärtige. Allerdings haben die Einheimischen eben den unschätzbaren Vorteil, dass sie erstens die Landessprache beherrschen und zweitens den Polizisten vielleicht ganz gut kennen, weil er in der Nachbarschaft wohnt …

- In Thailand gewöhnen Sie sich am besten an, nicht selbst zu fahren. Vor allem in Bangkok nicht. Hier sind Sie im Taxi am besten aufgehoben, und zwar in einem Taxi mit vier Rädern, und nicht unbedingt in einem Tuk Tuk (das sind zahlreich vorhandene Zweirad-Taxen). Für Busse und LKWs scheinen irgendwie keinerlei Verkehrsregeln zu gelten, und dazu kommt natürlich noch, dass in Thailand ja Linksverkehr herrscht. Daran gewöhnt man sich in den paar Tagen Urlaub nicht unbedingt.

- In Indien geht ohne Hupe gar nichts! Der Inder hupt gerne und viel, es scheint ein unabdingbares Muss im indischen Straßenverkehr zu sein.
- In Japan ist man dafür besonders höflich und dezent: An der Kreuzung schaltet der Fahrer beim Warten aufs Standlicht um, um andere nicht zu blenden.
- In der Türkei gibt es Verkehrsregeln. Sagt man jedenfalls. Gesehen und erlebt hat das wohl noch niemand. Alle haben es eilig, Ampeln und Verkehrszeichen sind zwar vorhanden, aber in geringer Anzahl und sie werden auch nicht sehr beachtet. Und es geht laut zu: Nicht nur vom Verkehrslärm, sondern weil das Betätigen der Hupe hier genauso ein „Must" ist wie in Italien oder Indien.

Und wenn Sie nicht selber fahren ...

Öffentliche Verkehrsmittel wie Bus und Bahn, Taxi oder Flugzeug – da kann doch eigentlich nichts schiefgehen. Welch ein Irrtum! Auch hier lauert so manche Benimmfalle auf Sie.

- In den USA achten Sie bitte darauf, dass Sie bei der Fahrt im Taxi beim Bezahlen nicht nur „ein bisschen" aufrunden. Ihr Fahrer erwartet bei der Ankunft ein Trinkgeld von etwa 15 bis 20 Prozent. Das kommt Ihnen zwar enorm viel vor, ist aber in den Vereinigten Staaten absolut üblich. Sie dürfen nicht vergessen, dass das Trinkgeld einen Großteil des Einkommens ausmacht.
- In Frankreich achten Sie besser darauf, dass bei der Fahrt mit der Eisenbahn Ihr Koffer – wie bei uns bei Flugreisen – peinlichst genau mit Ihrer Adresse versehen ist. Sonst wird er nämlich einfach stehen gelassen und vom Schaffner einbehalten.
- In Venezuela sind Gepäckstücke (beziehungsweise ihr Inhalt) eine wertvolle Sache. So wertvoll, dass Sie selbst im Bus vielleicht nur einen Stehplatz haben, Ihnen jedoch ein Passagier mit Sitzplatz anbietet, Ihre Tasche auf seinem Schoß zu halten. Sie soll ja nicht auf dem Boden schmutzig werden.
- In Großbritannien gibt es ein A und O: das Stehen in der Schlange. Das haben die Briten zu einer wahren Kunst entwickelt! Und es gibt keinen größeren Fauxpas, als sich nicht daran zu halten. Auch die Hilfsbereitschaft der Briten ist für uns etwas ungewöhn-

lich: Es kann durchaus passieren, dass Sie im Bus sitzen und der Fahrer nicht an der Bushaltestelle stoppt, sondern Sie außerhalb der festen Route an einer für Sie günstigeren Stelle absetzt. Und wenn dann da zufällig noch ein Polizeibeamter steht, kann es passieren, dass er Ihnen mit dem Gepäck hilft. Die Polizei – in Großbritannien ein wahrer Freund und Helfer! Es gibt an manchen Bushaltestellen in Großbritannien den Hinweis „request stop". Das bedeutet, dass der Bus hier nur hält, wenn Sie ihn per Handzeichen zum Anhalten auffordern. Falls man Sie übrigens in London nach der „Oyster Card" fragen sollte, hat das ganz und gar nichts mit Austern zu tun. Sondern das ist eine spezielle blaue Kunststoffkarte, die einen Chip integriert hat – ein Ticket für Bus und Metro, das man immer wieder aufladen kann. Im Prinzip lebenslang. Falls Sie also öfter in London zum Shoppen sind, lohnt sich das für Sie. Denn die „Oyster Card" gibt's auch für Touristen.

- In Australien ist es tabu, in allen öffentlichen Verkehrsmitteln – Bus, Bahn, Taxi – zu essen. Im Flugzeug bekommen Sie allerdings noch etwas serviert.

- In Russland kennt man neben den offiziellen und damit also schwarz-weiß gestreiften Taxis außerdem noch private. Vorsicht: Jeder Russe kommt damit klar, und er weiß auch den entsprechenden, passenden Preis auszuhandeln. Sie als Ausländer haben da meist schlechte Karten. Die privaten Taxifahrer verlangen da gerne Wucherpreise – und es soll gar nicht mal so selten passieren, dass Fahrgäste aus dem Ausland regelrecht ausgeraubt werden. Falls Sie es dennoch versuchen wollen: Taxis (auch private) hält man an, indem man die Hand hochhält, und zwar mit der geöffneten Handfläche nach vorne. Dann stoppt der Wagen – so er leer ist. Und das ist bei dem chaotischen Verkehr zum Beispiel in Moskau leider eher selten der Fall.

- In Italien und Brasilien gibt es im Flugzeug keine Reihe 17: Diese Zahl ist nämlich ein Symbol für den Tod. Selbst wenn Sie mit der Lufthansa fliegen, kann es passieren, dass beim Flug in diese Länder die Reihe 17, manchmal auch die Reihe 13, einfach fehlt. Die Zahl 13 ist nicht nur bei uns, sondern in vielen anderen Gegenden nämlich ebenfalls eine Unglückszahl. Das mit der 17 kommt übrigens daher, dass diese Zahl in römischen Ziffern so geschrieben wird: „XVII" – und das erinnert viele Italiener an ein lateinisches Wort: nämlich „vixi", was so viel bedeutet wie „ich habe gelebt", also „ich bin tot".

- In Japan wird das Alter ganz besonders wertgeschätzt. Man sieht dies daran, dass in U-Bahn und Bus manche Sitze in anderer Farbe eingebaut sind. Das hat keine dekorativen Gründe, sondern bedeutet schlicht und ergreifend: Diese Plätze sind für ältere Menschen reserviert. Für die Benutzung von Rolltreppen gibt's in Japan besondere Regeln: In Tokio steht man links und geht rechts; in Osaka ist es genau umgekehrt.

- In Portugal ist es manchmal ziemlich schwierig, eine Bushalte-stelle als solche zu erkennen. So etwas wie ein „Bushäuschen" gibt es nämlich nicht überall. Es kann durchaus sein, dass einfach nur ein sehr dezent angebrachtes kleines Schild mit einer Nummer eben die Bushaltestelle ist. Da fragen Sie sich also am besten durch. Oder schauen mit Adleraugen, ob Sie irgendwo eine Ansammlung von Leuten erblicken, die möglicherweise auf einen Bus warten.

Selbst für das Benutzen eines Fahrstuhls gibt es übrigens manch-mal spezielle Regeln. In den Vereinigten Staaten beispielsweise – und die sollten Sie kennen. Weil eben hier (und in allen anderen Gegenden auf dieser Welt, in denen es sehr hohe Gebäude gibt) eine Liftfahrt im Wolkenkratzer manchmal ganz schön stressig sein kann. Also aufgepasst:

- Sie grüßen, wenn Sie den Fahrstuhl betreten.
- Sie telefonieren nicht mit Ihrem Handy (wenn das überhaupt Empfang hat).
- Sie starren Ihre „Mitfahrer" nicht an. Keine Ahnung, wohin man am besten schaut – darüber gibt es die unterschiedlichsten An-sichten. Auf den Boden vielleicht? Auf die Tür? In der Hoffnung, dass Sie bald im gewünschten Stockwerk ankommen? Oder besser auf das Bedienfeld oder die Stockwerksanzeige, damit Sie genau beobachten können, in welchen Etagen der Fahrstuhl noch hält.
- Sie stoßen die Mitreisenden nicht mutwillig an, selbst wenn es im Fahrstuhl pickepackevoll sein sollte. Weil der normale ge-sellschaftliche Abstand zu einer anderen Person im Lift sowieso nicht einhaltbar ist, benehmen Sie sich besonders zurückhaltend. Auch und gerade in Ländern, in denen man auf Distanz achtet.

- Sie sprechen, wenn überhaupt, nur leise. „Erlaubt" sind – so sagt man – sachliche Unterhaltungen. Also zum Beispiel die freundliche Nachfrage, wohin ein anderer Fahrgast möchte, damit Sie eventuell die entsprechende Taste drücken können, wenn Sie näher am Bedienfeld stehen.
- Halten Sie den Mund. Ganz bestimmt erzählen Sie keine Witze – weder lustige noch etwa gar solche, in denen es um Steckenbleiben im Fahrstuhl oder um Klaustrophobie geht.
- Zwangloses Plaudern ist nur dann richtig, wenn der Ernstfall eintritt: Falls der Lift nämlich stecken bleibt.

Kapitel 7

Ein Dessert als Eheversprechen

Von anzüglichen Speisen und Flirtversuchen

Süß gegessen, salzig getrunken: Damit haben Sie in manchen Ländern schon alles klargemacht. Für eine Nacht – oder für den Rest Ihres Lebens.

Vorsicht also! Wenn Sie die folgenden Benimmregeln zu Flirt, Eheversprechen und natürlich Hochzeit nicht kennen, führt der gemeinsame Weg zu Liebe und Partnerschaft erst einmal ins Fettnäpfchen.

Und wer will das schon? Gerade beim künftigen Partner und seiner Familie will man sich doch von seiner allerbesten Seite zeigen.

Flirt und Verführung wie in 1001 Nacht

Stellen Sie sich vor:

Sie sind – als Frau – mit dem netten türkischen Reiseleiter zum Abendessen verabredet. Sie selbst haben nichts „Böses" im Sinne und hegen keinerlei sexuelle Absichten. Sie finden den Typen einfach nur sympathisch, und bevor Sie sich mit einem Mitglied der im Übrigen doch eher langweilig-betuchlichen Rentner- und Lehrer-Reisegruppe treffen ... nein, da ist Ihnen der Tourguide einfach lieber!

Sie gehen gemeinsam in ein landestypisches Lokal und überlassen selbstverständlich Ihrem Begleiter die Speisenauswahl. Aus gutem Grund: Er kennt sich aus und zeigt sich galant (aber nicht aufdringlich). Sie möchten „original türkisch" essen, und das kann er als Einheimischer natürlich besser ordern. Mit vielen Bezeichnungen auf der Speisekarte können Sie eh nichts anfangen. Richtig lustig, was die Türken sich da so einfallen ließen: Da gibt's den „Imam, der in Ohnmacht fällt" (ein Auberginengericht) oder die „Frauenschenkel" (eine Hackfleischspeise). Das alles wissen Sie aber erst, nachdem Ihr Begleiter Ihnen das alles verklickert. Durchaus mit ein wenig Flirterei dabei. Warum auch nicht?!

Sie genießen ein reichhaltiges Dinner – und erst der Nachtisch ... Obwohl Sie keine „Süße" sind, schmeckt alles ausgesprochen lecker. Auch hier kichern Sie wieder über die originellen und geheimnisvoll klingenden Namen: „Gewundener Turban", „Sultan", „Serail" oder „Nachtigallennest". Allerdings wundern Sie sich ein wenig, mit welch bedeutungsvollen Blicken Ihr Begleiter eines der Desserts verzehrt. Und Sie finden vielleicht auch, er sollte das klebrig-süße Gericht vielleicht eher mit der Dessertgabel und nicht mit den Fingern nehmen.

Egal, denken Sie sich und lächeln ihn freundlich an. Nicht ahnend, dass Sie eben, beim Genuss des „Frauennabels" zugestimmt haben, mit Ihrem Reiseleiter nicht nur zu speisen, sondern die Nacht zu verbringen ...

Behalten Sie beim nächsten Urlaub am Bosporus oder an den Stränden von Side und Kemer oder in der Großstadt Antalya also stets das türkische Sprichwort im Gedächtnis, das da lautet: „Süß gegessen, süß gesprochen." Süßes Handeln folgt dann eben manchmal auch.

Ehetauglich? Nicht nur türkische Tests für Bräutigam und Braut

Stellen Sie sich vor:
Sie haben beim Urlaub in Istanbul eine ganz reizende Dame getroffen und sich über beide Ohren verknallt. Sie fliegen so oft es nur geht an den Bosporus. Mittlerwelle hat sich schon mehr als „nur" ein Urlaubsflirt entwickelt, und Sie denken durchaus an eine feste Beziehung. Allerdings nicht gleich an Heirat oder gar Familiengründung. Damit wollen Sie sich noch ein bisschen Zeit lassen.

Sie kennen zwar schon das hübsche Stadtapartment Ihrer Freundin, schließlich ist sie eine moderne, aufgeschlossene junge Frau, die nicht traditionell wie auf dem Land im hintersten Anatolien lebt. Deshalb sind Sie auch schon nicht nur einmal über Nacht geblieben. Bei diesem Besuch jetzt aber sind Sie zu Hause bei ihrer Familie eingeladen. Dass nicht nur die Eltern Ihrer Freundin, sondern die ganze Verwandtschaft versammelt ist – okay, das verbuchen Sie unter „türkischem Familienzusammenhalt". Ein bisschen seltsam kommt Ihnen lediglich das Verhalten Ihrer Liebsten vor: Sie ist so ungewöhnlich zurückhaltend und scheu. Sie spricht kaum etwas, und das Merkwürdigste: Sie serviert der ganzen Familie türkischen Mokka und Ihnen als Erstem. Und Ihnen fällt auf, dass plötzlich alle ganz gespannt und betont unauffällig zuschauen, wie Sie Ihre Tasse zum Munde führen ...

Kein Wunder – denn der Kaffee schmeckt wirklich entsetzlich! Hat Ihr Schatz etwa in der Aufregung Zucker und Salz verwechselt? Sie beißen – bildlich gesprochen! – die Zähne zusammen und schlucken den salzigen Mokka mannhaft hinunter. Ohne die Miene zu verziehen. Toll – instinktiv haben Sie das hier lauernde Fettnäpfchen vermieden. Die Benimmregel besagt nämlich, dass Sie Ihren Mokka bitteschön ganz ohne mit der Wimper zu zucken genießen.

Allerdings hat das Ganze einen kleinen Haken: Sie selbst wollten vielleicht bloß höflich sein. In Wirklichkeit aber haben Sie soeben bewiesen, dass Sie ein guter Ehemann sind. Sie haben ein deutliches Signal an die Familie und auch Ihre Freundin gegeben: „Ich kann mich anpassen, ich habe tadellosen Charakter, ich werde ein guter Ehemann sein!"

Wären Sie dagegen „unhöflich" gewesen und hätten Ihre Miene verzogen, vielleicht sogar den Mokka ganz zur Seite gestellt, dann wäre das Signal ebenfalls deutlich gewesen. Nicht nur, dass Sie sich unhöflich und bar jeder guten Kinderstube gezeigt hätten. Damit nicht genug: Sie können außerdem sicher sein, dass Ihre Freundin davon Abstand genommen hätte, auch nur an eine Ehe zu denken ... Und vermutlich wäre Ihre Lovestory ebenfalls am Ende gewesen.

Gerade beim Kaffeegenuss gibt es den Test übrigens auch umgekehrt: Je größer das Schaumhäubchen ist, das über dem köstlichen Mokka schwebt, desto glücklicher darf sich der Bräutigam schätzen. Denn damit werden Fleiß und Geschicklichkeit der Braut angezeigt. Türkische Männer probieren überhaupt gerne über die Küche aus, ob ihre Liebste zur Ehe taugt. Etwa, indem sie darum bitten, sie möge doch einmal das typische Gericht Pilaw zubereiten. Gelingt ihr das so, dass es dem künftigen Bräutigam schmeckt (und dass nicht einmal die Zubereitung der künftigen Schwiegermutter besser ist), dann ist der Weg frei zur Hochzeit. Denn wenn eine Braut Pilaw ganz nach dem Geschmack des Bräutigams zubereiten kann, dann geht man davon aus, dass auch alle anderen Rezepte perfekt gelingen.

Sie sehen schon: Der Genuss bestimmter Speisen kann – nicht nur in der Türkei! – ganz schön „gefährlich" sein. Nicht nur, dass Sie in eine verfängliche Situation geraten, die Sie – obwohl Sie doch nur höflich sein wollen – zu mehr verpflichtet als Sie eigentlich vorhaben.

Schokolade und Silberteller fürs Jawort

Schokolade spielt bei der türkischen Brautwerbung eine wichtige Rolle: Der Bräutigam rückt gemeinsam mit seinen Eltern bei der Familie seiner Braut an. Seine Geschenke: Blumen (klar!) und Schokolade auf einem silbernen Teller, hübsch dekoriert und verpackt. Diesen Teller hebt die Braut bei einem Jawort auf – als Erinnerung an diesen Tag. Achtung Benimmfalle: Die Qualität der Schokolade und des Silbertellers zeigt an, ob der Bräutigam ein armer Schlucker ist, sich eine Ehe überhaupt leisten kann, und wenn ja: ob er seiner späteren Frau etwas bieten kann und will. Und wie steht es überhaupt mit dem Jawort? Geheime Signale auch hier: Wird die Schokolade, die Sie als Bräutigam als Geschenk mitgebracht haben, geöffnet und ihnen angeboten, so ist ihre Werbung akzeptiert. Bleibt die Schoggi dagegen verschlossen, so haben Sie – zumindest für diesmal! – schlechte Karten. Dann will man sich nämlich noch ein wenig überlegen, ob Sie wirklich der richtige für die Tochter des Hauses sind. Allerdings: Sie haben eine zweite Chance! Ein weiterer Besuch kann dann letztendlich das große Glück bringen.

Tests für die Tauglichkeit der Ehe, aber auch schon für die Zuneigung der Liebsten gibt es aber nicht nur in der Türkei, sondern wohl überall auf der Welt. Eine Regel in Italien besagt etwa, dass der Verliebte abends einen Holzstamm oder Holzklotz vor die Tür seiner Angebeteten legt. Er hat dann Glück in Sachen Liebe, wenn sie das Holz ins Haus holt – dann hat sie den Antrag angenommen. Findet er am nächsten Morgen jedoch das Stück Holz vor seiner eigenen Türe, hat er Pech in der Liebe …

Von Hirschpartys und Hühnernächten

In Großbritannien und Irland, Australien und Neuseeland kennt man kaum den gemeinsamen Junggesellenabschied wie den Polterabend bei uns in Deutschland. Bräute feiern hier die „Hen Night" oder „Hen Party" (Hennennacht oder Hühnerfest), in den Vereinigten Staaten heißt das Ganze „Bachelorette Party", in Kanada auch „Stagette Party" – passend zum männlichen Pendant des Junggesellenabschieds, der nämlich „Stag Party" (also Hirschparty) heißt. Keine Sorge also, als geladene Dame müssen Sie sich nicht auf den Verzehr von Brathendln einstellen, und als Mann wird Ihnen auch kein Geweih aufgesetzt!

• In Neuseeland werden zur „Hen Party" Brautmutter, künftige Schwiegermutter und alle weiblichen Verwandten beider Familien eingeladen. Männer sind dabei ausdrücklich unerwünscht.

In der Türkei wird der Abend vor der Hochzeit Henna-Abend genannt. Das hat natürlich nichts, aber auch gar nichts mit Hennen zu tun! Natürlich feiert das künftige Brautpaar getrennt – und bei den Frauen geht es dabei vor allem um das Abschiednehmen: Die Braut geht aus dem Elternhaus, vor allem fort von der Mutter. Die ganze weibliche Verwandtschaft versucht, sie deshalb zum Weinen zu bringen. Nach alter Tradition sitzt die Braut dabei verschleiert – niemand soll ihre Tränen sehen. Selbst wenn die heute, in einer modernen türkischen Familie, wohl kaum mehr fließen. Immer noch aber werden Hände und Arme der jungen Frau mit Henna-Farbe verziert.

In den USA gibt es schon etwa vier Wochen vor der Hochzeit die „Bridal Shower" – und das ist ganz und gar kein feucht-fröhlicher Junggesellenabschied. Zumindest anfangs nicht! Sondern eine Party, zu der – oft schon am Nachmittag – nur weibliche Gäste eingeladen sind. Die überhäufen die Braut mit allerlei nützlichen Kleinigkeiten für den künftigen Haushalt. Oder auch für den persönlichen Bedarf, durchaus auch mit Anspielungen aufs Liebesleben des künftigen Ehepaares. Wie es dann abends mit der Feierei weitergeht – darüber schweigt man vielleicht besser …

In Deutschland und Österreich kennt man den Polterabend – einen sehr alten Brauch (wohl noch aus vorchristlicher Zeit). Hier müssen Sie als Gast lediglich eines wissen: Zerhauen Sie so viel an Porzellan, Keramik und Steingut, wie Sie nur können. Aber bitte niemals Glas – das bringt Unglück fürs Brautpaar. Und: Wehe Sie helfen dem Paar nachher beim Zusammenkehren! Ein grober Fauxpas, schließlich will es die Tradition, dass die beiden das gemeinsam alleine machen. Um zu beweisen, wie gut sie zusammenarbeiten.

In China ist bereits die Einladung zur Hochzeit, oft viele Monate vor dem Ereignis, schon die Verpflichtung zu einem Gegenge-schenk, selbst wenn Sie bei der Hochzeitsfeier gar nicht anwesend sein können. Sie sind gut beraten, wenn Sie sich bei Ihrem Präsent nicht knausrig zeigen. Chinesen lassen sich gerade bei Hochzeits-geschenken nicht lumpen und greifen tief ins Portmonee. Dies sogar wörtlich: Denn es ist durchaus üblich, mit Geldscheinen in kleinen roten Umschlägen zur Gestaltung und vor allem Finanzie-rung der Hochzeit beizutragen. Wundern Sie sich übrigens nicht, wenn Sie bei der Dekoration oftmals einen Drachen oder Phönix sehen: Die beiden Tiere gelten als Symbole für das Brautpaar.

Gefährliche Teestunden

In Brasilien wird der Junggesellinnenabschied „Chá de Panela"
(wörtlich: Kesseltee) genannt. Und das Ganze ist nicht unge-
fährlich: Alkohol spielt eine große Rolle dabei. An diesem Abend
entstehen oft Fotos, die am nächsten Tag unter Umständen ganz
schön peinlich sind. Es gibt nämlich die Tradition, dass die Braut
jedes gut verpackte Geschenk ihrer Freundinnen erst einmal erraten muss. Dreimal darf sie raten, hat sie es dann nicht geschafft,
muss sie ein Kleidungsstück ablegen und einen Schluck Alkohol
trinken. Natürlich sorgen alle Gäste dafür, dass sich die Geschenke
schwer erraten lassen, und so kommt es durchaus vor, dass die
Braut am Ende des Abends „ganz ohne" dasteht, vielleicht lediglich bedeckt mit einer Schärpe und der Aufschrift „Gut, dass du
morgen heiratest!" Kleiner Tipp: Als Braut sollte man möglichst
viele Kleidungsstücke tragen. Andererseits weiß das natürlich jeder
Gast und wird entsprechend „vorbeugen" …

Traditionell – und damit fast langweilig – läuft dagegen der Junggesellenabschied des Bräutigams ab: Der „Chá de Bar" (wörtlich:
„Bartee") ist wie bei uns eine Party unter Männern, wo viel Alkohol
fließt und meist auch eine Stripperin gebucht wird. Der Mann
muss zwar seine Päckchen ebenfalls erraten, aber da es üblich ist,
Accessoires für die Hausbar zu schenken, ist das nicht ganz so
schwierig. Obwohl es auch beim „Chá de Bar" schon zu peinlichen
Momenten mit noch peinlicheren Fotos am folgenden Morgen
gekommen sein soll.

Viele Hochzeiten und noch mehr Regeln

So manche Benimmregel kommt uns schon sehr merkwürdig vor:
In Indien beispielsweise wird die Kleidung von Braut und Bräutigam während der gesamten Hochzeitsfeier miteinander verknotet.
Quasi eine symbolische Vereinigung, die dann ein Leben lang
halten soll. Erschwerend kommt noch hinzu, dass das Paar zusammengeknotet um ein Feuer – selbstverständlich ein heiliges –
herumgehen muss.

Nicht überall auf der Welt heiratet die Braut in Weiß – und man
muss sich gar nicht so weit in die Ferne begeben, um eine Braut in

Rot zu finden: In Bulgarien ist das durchaus üblich. Genauso wie übrigens in Vietnam. Und weil sich gerade in Vietnam viele Bräute kein eigenes Brautkleid leisten können – oder wollen – gibt es hier Spezialgeschäfte, die rote Brautkleider in allen möglichen Variationen zum Verleihen anbieten.

Wo man auf die Braut spuckt

Besonders ungewöhnlich sind Hochzeiten in Afrika, und da vor allem bei den Massai. Die Liebe überwindet ja so manche Hürde, aber das wird Europäern in diesem Fall möglicherweise etwas schwerfallen: Die junge Braut bei den Massai wird nämlich vom Brautvater (oder einem anderen Mitglied der Dorfgemeinschaft) gesegnet. Das ist ja noch gar nicht so schlimm, werden Sie denken. Allerdings findet dieser Segen bei den Massai auf ganz besondere Weise statt: Die Braut wird an Kopf und Brust mit Milch bespuckt, dazu spricht der Brautvater die Worte: „Möge Gott Dir viele Kinder schenken!" Und wenn eine Braut ganz besonders beliebt ist, wird sie zur Segnung vor diesem Spruch noch mit Ocker und Schaffett eingeschmiert und danach mit Honigbier bespritzt. Lecker!

Aber das ist noch nicht alles. Nach dem Segensspruch geht die Braut zur Hütte ihres frisch angetrauten Gemahls. Selbst wenn der Weg ein langer sein sollte, sie darf sich nicht umdrehen. Denn die Massai sind überzeugt davon, sie würde dann zu Stein erstarren. Lots Frau lässt grüßen ...

Und es geht noch weiter: Anfangs räumen Freunde des Brautpaars Steine und Zweige aus dem Weg. Je näher jedoch die junge Frau zur künftigen Heimstatt kommt, desto mehr lässt diese Fürsorge nach. Vor allem die weiblichen Verwandten des Ehemanns beginnen jetzt, die Braut zu beschimpfen. Sie wird hässlich genannt, man heißt sie eine Diebin, ruft sogar nach einem Brandeisen, um sie für immer zu kennzeichnen. Manchmal kommt es sogar vor, dass die junge Frau mit Kuhdung eingeschmiert wird. Der Grund für das Ganze? Je nachdem, wie die Braut reagiert, zeigt sich, wie sie mit den Herausforderungen auch innerhalb ihrer künftigen Ehe umgehen und klarkommen wird. Ein Test, der uns in Europa denn doch schon sehr ungewöhnlich vorkommt.

Rote Frauen und schmucke Narben

Nein, falsch gedacht! Wir sind nicht plötzlich bei den Indianern angekommen. Sondern wir bleiben in Afrika, genauer gesagt in Namibia. Hier gehört es nämlich dazu, dass der Tag vor der Hochzeit vor allem bei den Frauen so lebhaft gefeiert wird, dass sie alle rot werden. Sie kremen sich nämlich mit einer Mischung aus rotem Ocker und Butterfett, Duftstoffen und Harz ein. Das Rot spiegelt die Farbe der Erde wider und steht gleichzeitig als Symbol für das Leben. Die Braut wird ins Haus ihres künftigen Mannes geführt und dort von seinen Verwandten empfangen. Zum Zeichen, dass sie voll und ganz in ihrem neuen Heim akzeptiert ist, wird sie mit Butterfett von den Kühen des Bräutigams eingerieben. Ein ganz besonderes Parfum! Kein echter Vergleich zu Chanel No. 5.

Wer eine Frau aus dem Stamm der Tuareg zur Gattin nimmt und nicht ein Cousin der Braut ist, sollte sich mit genügend Sandalen eindecken: Die sind dort ein wichtiges Zahlungsmittel. Weil nämlich diese Söhne der Wüste sehr oft verwandt sind – eben oft Vetter und Base heiraten –, muss ein Familienfremder seine Frau dem Cousin der Braut abkaufen …

Beim äthiopischen Volk der Karos dagegen gilt: Eine junge Frau ist nur dann schön und für die Ehe geeignet, wenn Ihr Unterkörper mit kleinen Schnitten verziert wird, in die sogar noch Asche gerieben wird. Die Wunden vernarben mit einem gleichmäßig leicht erhöhten Muster auf der Haut: ein Brautschmuck, der nicht nur schmerzhaft ist, sondern Zeit des Lebens anhält. Sicher ist jeder europäischen Braut der Ehe- und Diamantring als Schmuck dann doch viel lieber …

Prinzessin für einen Tag

In Marokko geht es viel freundlicher zu: Bei einer traditionellen Hochzeit in diesem nordafrikanisch-arabischen Land wird die Braut von den Frauen der Familie gebadet, geschminkt, Hände und Füße werden mit Henna bemalt, und zwar mit exotischen, fein gezeichneten Mustern. Danach wird sie mit Goldschmuck über und über behängt – auch daher kommt die Beschreibung für die Bräute in Marokko, sie seien „Prinzessin für einen Tag". Sehen Sie sich vor: Traditionell kann eine marokkanische Hochzeit einige Tage dauern – Stehvermögen ist also angesagt. Früher waren es sieben Tage Fete, drei davon allein für die eigentliche Zeremonie. Während dieser Feier sitzt die junge Frau hinter einem Vorhang – getrennt von Familie und Bräutigam. Der Vorhang ist ein Symbol für den Übertritt der Braut in das neue Leben gemeinsam mit ihrem Mann.

Wellness für die Braut

Selbst in Ostafrika gibt es angenehmere Bräuche als bei den Massai: Bei den Swahili etwa werden die Bräute vor der Hochzeit massiert, und zwar mit Kokosnussöl, und danach mit duftendem Sandelholz parfümiert. Auch hier kennt man die Sitte, den Körper – vor allem auch die Arme – mit Henna-Mustern zu bemalen und damit besonders zu verzieren. Die junge Frau bekommt nach diesem Schönheitsprogramm eine kleine Lehrstunde: Eine ältere Frau gibt die Geheimnisse einer guten Ehe, welche immer das sein mögen, an die Braut weiter.

Niemals eingeladen: die Schwester der Braut

Wichtig für die Gästeliste bei einer Maori-Hochzeit in Neuseeland: Die Schwester der Braut darf nicht mitfeiern. Ein alter Aberglaube besagt, dass dem Paar sonst Kindersegen versagt bleibt, weil die Braut unfruchtbar wird. Die unendliche Liebe wird bei der Hochzeitszeremonie durch Schleifen symbolisiert – die „Infinity Loops" werden Braut und Bräutigam um den Nacken gelegt. Und das Eheversprechen ist dann gültig, wenn die beiden sich auf Maori-Art geküsst haben – nämlich mit dem „Hongi", dem traditionellen Nasenkuss bzw. Nasenreiben.

Exotisches in Europa

Man muss übrigens gar nicht so weit fahren oder in so exotische Länder, um uns fremd anmutende Hochzeitsbräuche zu entdecken ...

Musik & Mandeln

In Italien etwa gehört es zum guten Ton, dass der Mann seiner zukünftigen Braut eine „Serenada" darbringt – nichts anderes als ein musikalisches Ständchen unter ihrem Fenster. Das ist nicht nur eine Benimmregel, sondern zugleich der offizielle Heiratsantrag. Hier wirft man keinen Reis, wenn das frisch vermählte Paar aus der Kirche kommt. Ganz im Gegenteil! Hier werden Braut und Bräutigam beim Abholen, kurz vor der Fahrt zur Kirche, mit ein wenig größeren Kalibern bedacht: Die Hochzeitsgäste bewerfen sie nämlich mit den sogenannten „Confetti" – das sind Hochzeitsmandeln. Mit diesen Mandeln hat es eine ganz besondere Bewandtnis, denn sie werden auch in die Bonbonnieren gesteckt, die kleinen Geschenke, die jeder Gast bekommt. Meist handelt es sich um kleine Säckchen aus Stoff, und in jedem stecken fünf gezuckerte Mandeln – jeweils eine für Glück, Gesundheit, Kindersegen, Erfolg und ein langes Leben. Die bitteren Mandeln in der süßen Zuckerhülle symbolisieren außerdem Lust und Leid im Leben.

Auch der Bräutigam hat besondere Geschenke: Nach der Trauungszeremonie übergibt er seiner jungen Frau eine Weizenähre als Symbol für Kindersegen und gemeinsames Glück. Und Ihre italienische Schwiegermutter freut sich, wenn Sie ihr einen Olivenzweig überreichen: Damit zeigen Sie nämlich an, dass Ihnen an häuslichem Frieden mit dem „Schwiegerdrachen" gelegen ist. Übrigens sagt man in Italien – im Gegensatz etwa zu Deutschland – nicht Sonnenschein, sondern Regenwetter bringe einer Braut Glück. Jeder Italiener kennt das Sprichwort „Sposa bagnata, sposa fortunata" – übersetzt so viel wie „Nasse Braut, glückliche Braut." Bei der Hochzeitsfeier selbst wird immer wieder einmal „bacio, bacio" gerufen. Dann muss das Brautpaar sich verliebt in die Arme sinken und sich ausdauernd küssen.

- In Bulgarien ist es Pflicht für die Braut besonders rein und strahlend in die Ehe zu gehen. Dafür muss sie zuerst einmal kräftig schwitzen: Vor der Hochzeit muss sie in einen Badezuber springen, der auf glühenden Kohlen steht. Das „Brautbad" ist eine sehr alte Tradition, die man bereits bei den alten Griechen und Römern kannte: Am Tag der Hochzeit wurde eine junge Frau besonders gründlich gepflegt (und am ganzen Körper rasiert), damit sie besonders rein in die Ehe ging.
- In Portugal kennt man das Gabelklopfen, das bei einer großen Hochzeit für das Brautpaar ziemlich anstrengend werden kann, selbst wenn es sich noch so sehr lieb hat: Jedes Mal nämlich, wenn ein Gast seine Gabel nimmt und an sein Glas schlägt, muss geküsst werden. Klar natürlich, dass damit so mancher Jux und Schabernack getrieben wird.
- In Griechenland wird das Brautpaar mit einem fein gearbeiteten Tuch umschlungen – als Symbol für die künftige Zusammenge- hörigkeit. Abwechselnd werden während der Zeremonie bei Braut und Bräutigam jeweils dreimal zwei weiße Hochzeitskränze, die „Stéfana", die mit einer Schleife verbunden sind, auf die Köpfe gelegt. Damit würdigt der Priester die heilige Dreifaltigkeit.
- Auf Zypern spielen Geldgeschenke eine große Rolle: Dazu stellt sich das Brautpaar auf ein Podest. Alle Familienangehörigen und Freunde laufen um die frischgebackenen Eheleute herum und legen Geldscheine ums Podest.

Steinharter Kuchen für ewige Liebe

In Großbritannien ist es nicht üblich, zumindest nicht überall, das Brautpaar nach der Kirche mit Reiskörnern zu bewerfen. In Aberdeenshire nimmt man dafür heute noch lieber Gerstenkörner, in Gloucestershire dagegen bricht man einen ganzen Kuchen über dem Kopf des Brautpaares. Alle Gäste versuchen, wenigstens ein kleines Stückchen oder ein paar Krümel zu erhaschen, denn die bringen Glück. Sie sollten mitmachen, auch dann, wenn Ihnen diese Sitte etwas merkwürdig vorkommt. Die Tradition setzt sich nämlich fort: Am ersten Hochzeitstag oder zur Taufe des erstgebo- renen Kindes gibt es nämlich ein Stückchen steinharten Kuchens. Das ist nicht nur ein Test für die Haltbarkeit britischer Konditorei- produkte, sondern auch für den Bestand der Ehe. Und Sie können sicher sein, jedes Ehepaar freut sich darüber, wenn Sie bei dieser „Nachfeier" nach einem Jahr oder eben zur Taufe mit Ihrem persönlichen Stückchen aufwarten können.

Wissen Sie übrigens, wo der Name „honeymoon" für die Flitterwochen (die man in Deutschland „Honigmond" nennt) stammt? Früher gab es die Tradition, dass die Braut einen ganzen Monat lang Honigwein (Met) trank. So steigerte sie die Fruchtbarkeit, und vor allem war es „garantiert", dass das erste Kind ein Junge würde. Und während bei uns in Deutschland ein Schornsteinfeger, dem man begegnet, Glück bedeutet, ist es in England umgekehrt: Es bringt dem Kaminkehrer Glück, wird er von einer Braut geküsst ...

Grünes ist verboten

In Schottland wirft in manchen Regionen der Brautvater den Verheirateten nach der Eheschließung einen Schuh hinterher, um damit zu zeigen, dass er die Verantwortung für das Wohlergehen der Braut ihrem Ehemann überträgt. Glauben Sie also nicht an einen Familienstreit, wenn es bei den Schotten plötzlich hoch hergeht und mit Schuhen geworfen wird!
Übrigens: Grüne Kleidung ist bei einer schottischen Hochzeit nicht erwünscht. Halten Sie sich besser an diese Kleiderordnung. Denn Grün ist die Farbe der Elfen, und sie sind leicht verstimmt, wenn ein menschliches Wesen ihre Farbe trägt. Bei einem Hochzeitsmenü kann es Ihnen sogar durchaus passieren, dass weder grünes Gemüse noch Salat serviert werden. Lediglich im Brautstrauß ist ein wenig Grün erlaubt. Dagegen haben nicht mal Elfen und Feen etwas.

- In Spanien gehört es zur guten Kinderstube, dass der Bräutigam in der Kirche, bevor er das Jawort gibt, seiner künftigen Ehefrau in einem kleinen Säckchen 13 Münzen überreicht: ein Versprechen dafür, dass er seine Frau immer unterstützen wird.
- In Dänemark wird besonders gern geküsst. Und zwar nicht nur das Brautpaar sich gegenseitig, das ist ja wohl selbstverständlich. Hier ist es Sitte, dass Freunde und Verwandte Braut und Bräutigam küssen dürfen – und zwar immer und nur dann, wenn der andere Teil des Brautpaars den Raum verlässt. Also stürzen sich

alle Damen auf den Bräutigam, wenn die Braut sich mal kurz frisch machen geht; und die Braut ist „fällig", wenn ihr frisch Angetrauter mal eben nach draußen muss. Die Regel gilt allerdings immer nur so lange, bis das Paar wieder im selben Raum vereint ist.

- In Schweden sollte man als Braut darauf gefasst sein, dass einem nicht nur die Gäste, sondern jeder zufällig Vorbeikommende tief in die Augen schaut. Wundern Sie sich auch nicht, wenn wildfremde Menschen an Ihrer Tür klingeln, um Sie im Brautkleid zu bewundern und Ihnen einfach so zu gratulieren. Der Blick in die Augen einer Braut bringt nämlich Glück!

Wenn die Braut sich plötzlich auszieht ...

In Frankreich kennen Sie sich dann in den Benimmregeln aus, wenn Sie nicht aus allen Wolken fallen, wenn eine Braut plötzlich praktisch einen Striptease aufführt. Wundern Sie sich bitte nicht, wenn die jungvermählte Frau sich plötzlich in die Mitte des Saales stellt und allein zu tanzen beginnt. Stück für Stück, ganz langsam, schiebt sie dabei den Rock ihres Brautkleides immer höher. Das passiert nicht zur freundlichen Unterhaltung für jeden männlichen Gast, sondern alle Männer bieten pro „hochgerutschtem" Zentimeter Geld, alle Frauen halten dagegen. Der Höhepunkt ist erreicht, wenn das Strumpfband zu sehen ist. Derjenige, der am meisten geboten hat, ist der Sieger. Das Geld indes – gehört der Braut! Früher hat sie es dazu verwendet, den Schneider für ihr prächtiges Hochzeitskleid zu bezahlen.

Noch ein kleiner, aber benimmmäßig lebenswichtiger Tipp, um in Frankreich einen schlimmen Fettnapf zu vermeiden: Bestellen Sie sich dort nie und schon gar nicht auf einer Hochzeitsfeier ein „Baiser"! Denn im Grunde heißt das, Sie bestellen einen Kuss – wobei man wissen muss, dass „baiser" im Französischen aber auch ein ziemlich derber Ausdruck für „Geschlechtsverkehr haben" ist. Nicht gerade das passende Benehmen auf einer feinen Hochzeit ...

- In Rumänien gehört es zu den Benimmregeln für jede Braut, die Schwelle ihres neuen Heims mit Rosenwasser zu besprenkeln.

Glück bringt es hier, nicht Reis, sondern Salz und Weizenkörner in alle Richtungen der Windrose zu werfen.

- In Polen wirft nicht die Braut ihr Hochzeitsbukett, um die nächste Braut auszuwählen. Hier ist der Bräutigam dran: Seine Fliege wird geworfen, und wer sie fängt, ist der nächste Bräutigam oder die nächste Braut.

Benimmregeln fürs Heiraten in Asien und Amerika

- In Tibet spielen die Zahlen Neun und Sieben eine große Rolle. Das sollten Sie wissen, vor allem wenn Sie in die gehobene Gesellschaftsschicht einheiraten: In der buddhistischen Zeremonie sollten neun Mönche bei der Eheschließung anwesend sein – denn die Zahl Neun steht für das Fortschreiten und die Zukunft. Bei den Hindus hingegen besteht die traditionelle Heiratszeremonie aus sieben einzelnen Versprechen, die am offenen Feuer abgegeben werden.

- In Indien wird die Kleidung von Braut und Bräutigam während der gesamten Hochzeitsfeier miteinander verknotet. Quasi eine symbolische Vereinigung, die dann ein Leben lang halten soll. Erschwerend kommt noch hinzu, dass das Paar so zusammengeknotet um ein Feuer – selbstverständlich ein heiliges – herumgehen muss. Gleichberechtigung gibt es hier durchaus: Dreimal geht der Bräutigam voraus, und dreimal schreitet die Braut ihm voran.

- In Japan geht es vor allem für die Braut ziemlich stressig zu. Eine gute Kinderstube zeigt sich unter anderem daran, wie schnell die junge Frau sich umziehen kann. Denn sie trägt nicht nur ein traditionelles Hochzeitsgewand, sondern auch einen Kimono aus Seidenbrokat. Und weil auch japanische Brautpaare gerne in Weiß heiraten, muss es auch ein europäisches Brautkleid sein. Abends dann, bei der großen Feier, tritt sie entweder in einem bunten Kimono oder aber einem Abendkleid auf – als Symbol für den erneuten Übertritt ins Alltagsleben. Und das alles innerhalb weniger Stunden!

- In China gehört vor allem lauter Krach zu einer Hochzeit. Erst dann macht sie allen Beteiligten so richtig Spaß. Knallkörper gehören also dazu, und natürlich Essen und Trinken im Überfluss – auch Alkohol. Und noch eine Regel müssen Sie kennen, damit Sie bei einer chinesischen Hochzeit nicht ins Fettnäpfchen treten: Je mehr Schabernack das Paar souverän übersteht, desto glücklicher wird die Ehe. Und dazu gehören beispielsweise absolut indiskrete Fragen zum Liebesleben ...

- In Brasilien dürfen Sie sich nicht wundern, wenn Sie irgendwann einmal mit den Worten eingeladen werden: „Heute gehen wir Truthahn essen!" Das bedeutet stets die Einladung zu einer Hochzeit – denn Truthahn ist in Brasilien das am weitesten verbreitete traditionelle Hochzeitsgericht.

- In Kolumbien stellen Sie sich auf die Kerzenzeremonie ein: Nachdem das Brautpaar die Ringe getauscht hat, wird ein dreiarmiger Kerzenleuchter aufgestellt. Die Braut zündet die rechte, der Bräutigam die linke Kerze an. Wenn beide brennen, nehmen sie jeder ihre Kerze, und dann entzünden beide gemeinsam die mittlere. Dann werden die beiden Kerzen gelöscht, und nur die mittlere – als Symbol für das künftige gemeinsame Leben – brennt weiter.

Geld – ja oder nein? Oder wie oder was?

In den USA freuen Sie sich, wenn Ihr amerikanischer Freund Sie auffordert, sein „Best Man" zu sein: Das ist eine große Ehre, entspricht aber nicht genau unserem Trauzeugen. Sondern es handelt sich sozusagen um den Chef der männlichen Brautjungfern (die Damen heißen „Bridesmaids", die Riege der Männer nennt man hier „Groomsmen"). Sein weibliches Pendant – also die Chefin der Brautjungfern – ist die „Maid of Honor". Sie ist gemeinsam mit den Brautjungfern für die Organisation der Feier zuständig. Ungewöhnlich für uns ist bei einer amerikanischen Hochzeitsfeier die Hochzeitskerze, die während der gesamten Zeremonie brennt. Sie wird von den Müttern des Brautpaars gemeinsam entzündet. Jeder Gast bekommt übrigens ein kleines Erinnerungsgeschenk.

Und noch etwas müssen Sie wissen: Sie fallen tief ins Fettnäpfchen, wenn Sie einem amerikanischen Hochzeitspaar Geld schenken. Das ist ein absolutes No-go – nicht umsonst liegen überall Hochzeitslisten aus (übrigens eine wichtige Aufgabe des „Best Man" bzw. der „Maid of Honor")

- Auf den Philippinen dagegen ist es gerade umgekehrt: Hier zeigen Sie sich mit guter Kinderstube, wenn Sie möglichst viele Scheine dabeihaben. Denn beim Höhepunkt der Hochzeitsfeier tanzt das Brautpaar den „Geldtanz" – und dies möglichst langsam. Denn dabei heften alle Gäste, vor allem aber die Verwandten der beiden Familien möglichst viel Geld an die Kleidung des Paares. Da darf man sich nicht lumpen lassen. Wichtig ist aber, dass die Familie des Mannes mehr gibt als die der Frau. Nur dann – so glaubt man – werden die beiden in Harmonie zusammenleben. Glück bringt es übrigens, wenn den Frischvermählten vor der Kirche die Haare gekämmt werden. Nicht wundern bitte, wenn also plötzlich jemand zu Kamm und Bürste greift und tätig wird ...

Und der Pate ist überall dabei ...

In Mexiko kennt man bei jeder Hochzeit eine ganze Reihe von Patinnen und Paten des Brautpaares. Die „madrinas" und „padrinos" übernehmen während der Hochzeit bestimmte Aufgaben. So gibt es etwa die „madrina de ramo" für die Blumen – das scheint noch gar nicht einmal ungewöhnlich. Fremder ist uns da schon die „madrina de lazo" (wörtlich: Patin des Seils) mit einem verzierten Seil: Es wird um das Brautpaar drapiert, wenn die beiden ihr Ehegelübde sprechen, und es soll die Einheit des Paars symbolisieren. Es gibt madrinas und padrinos fürs Gebetbuch, für den Rosenkranz, fürs Gebetskissen oder fürs Gästebuch oder das Weinglas, das man zum ersten Toast auf das glückliche Paar erhebt. Am wichtigsten für die Braut ist die „madrina de relación" (wörtlich: Patin der Beziehung) – sie ist eine Art Vertraute und Ansprechpartnerin fürs Leben als Ehefrau. Eine ganz wichtige Rolle spielt die „madrina de arras" (wörtlich: Patin des Handgelds).
Ähnlich wie in Spanien gibt es auch in Mexiko 13 Münzen. In Mexiko sind sie aus Gold, und der Bräutigam präsentiert sie seiner Braut als Symbol seines Vertrauens, seiner Zuversicht und seiner immerwährenden Unterstützung. Die Zahl 13 deutet auf Christus und die 12 Apostel hin.

Kapitel 8

Nacktzwang und Hüllenpflicht

Von Kleidungsvorschriften
rund um den Globus

Es ist schon merkwürdig, dass man selbst in den weit entferntesten
Ländern relativ leicht erkennen kann, woher die anderen Touristen stammen. Wer kennt ihn nicht – den hässlich angezogenen
deutschen Urlauber? Kurze Hosen und Muskelshirt, Sandalen und
Socken, dazu eine prächtige Wampe – so stellt man sich den Mann
vor. Die passende Gattin gerne ebenfalls übergewichtig, und stets
in zu kurzer, zu enger und zu offenherziger Kleidung. Selbst der zu-
gehörige Nachwuchs fällt in Sachen Klamotten eher unangenehm
auf. Aber keine Sorge: Auch Briten und Holländern wird nachge-
sagt, dass sie in Sachen „gut angezogen" eher negativ auffallen.

Das Bemerkenswerte ist, dass die Einwohner eines südlichen
Landes, in dem der Tourismus blüht, in den meisten Fällen nicht
nur mit den dort herrschenden Temperaturen umgehen können,
sondern sich auch niemals zu solchen Kleidungssünden hinreißen
lassen würden. Im Gegenteil. Sie kleiden sich selbst bei größter

Hitze extrem gut: Sie werden selten einen Italiener oder Spanier sehen, auch bei einem Urlaub im Ausland übrigens nicht, der in Sachen Outfit besonders aus der Rolle fällt. Im eigenen Lande natürlich sowieso nicht. Wobei das natürlich in Italien sowieso praktisch unmöglich ist. Denn jeder Italiener muss – ohne das geht es einfach nicht! – eine „bella figura" machen. Und dies immer und überall. Das heißt beispielsweise, dass stilvolle Kleidung ein absolutes Muss ist – nichts da mit knallbunten Shorts, schon gar nicht in der Stadt, nichts da mit nacktem Oberkörper oder einem unterhemdähnlichen bunten Teil. Auch einen Spanier werden Sie beim abendlichen Bummel in den Tapas-Bars niemals in kurzen Hosen beobachten können.

Nun wissen wir ja meistens selbst, wenn wir mal eher unpassend angezogen sind. Zumindest dann, wenn wir eine gewisse Sensibilität bewahrt haben. Es gibt allerdings Etiketteregeln in Sachen Kleidung, die uns denn doch sehr ungewöhnlich vorkommen.

Der gute Eindruck auf den ersten Blick

Um nichts anderes geht es ja eigentlich: Mit unserem Outfit senden wir Signale aus. Und je nachdem, wie die auf der anderen Seite ankommen, werden wir akzeptiert, willkommen geheißen – oder aber von vornherein abgelehnt. Einen schlechten Eindruck wiedergutzumachen dauert lange und ist sehr schwierig. Hier deshalb die ungewöhnlichsten Kleidungsvorschriften aus aller Welt.

Der Wechsel macht's

- In Japan wird am 1. Juni und am 1. November die Kleidung ausgetauscht: Im Juni wandert die Winterkleidung in den Schrank, die Sommerklamotten kommen ans Licht. Im November ist es dann umgekehrt. Und das übrigens völlig unabhängig davon, wie die Temperaturen draußen sind.
- In Portugal sieht man's ähnlich: Nach dem St. Martinstag am 10. November ist Winterkleidung angesagt. Die Damen zerren schon mal den Pelz aus dem Schrank und tragen Winterstiefel. Selbst wenn es draußen noch reinstes Sommerwetter ist (zumindest für mitteleuropäische Verhältnisse). So richtig kalt wird es eh

selten, das schert aber niemanden. Wobei man ehrlicherweise zugeben muss, dass reale Temperaturen unter zehn Grad (plus!) im winterlichen Wind an der Atlantikküste schnell zu gefühlten zwei bis drei Grad nahe Null Grad werden ... Die portugiesische Sommersaison fängt pünktlich am 15. Mai an. Spätestens. Aber nach diesem Datum sieht man keinen Portugiesen mehr im warmen Gewande. Touristen und Zugewanderte übrigens erkennt man daran, dass sie im Dezember in T-Shirt und kurzen Hosen vor der (geschlossenen) Strandbar sitzen.

- In den USA soll – allerdings wohl eher in den gehobenen, konservativen Kreisen – immer noch üblich sein, was früher, noch in den fünfziger und sechziger Jahren, unumstößliche Modevorschrift war: Nach dem Labor Day (am ersten Montag im September) und bis zum Memorial Day (am letzten Montag im Mai) trägt die Dame von Welt keine weiße Kleidung, vor allem keine weißen Schuhe. Dazu gibt's übrigens sogar einen Spielfilm: In „Serial Mom" (auf Deutsch: „Warum lässt Mama das Morden nicht?") geht es genau darum. Die leicht wahnsinnige und mordende Hauptfigur kennt sich in Sachen Etikette hervorragend aus – und wehe, jemand in ihrer Umgebung hält sich nicht daran ... Am Ende des Films, als sie dann vor Gericht steht und freigesprochen wird, fällt ihr zu ihrem Entsetzen auf, dass eine der Geschworenen nach dem Labor Day weiße Schuhe trägt. Und natürlich muss „Serial Mom" das entsprechend ahnden. Im wilden Westen gibt's – so geht das Gerücht – noch einen weiteren Dresscode: Ab dem Stichtag „erster Montag im September" trägt der „Cowboy von Welt" nur noch Hüte aus Filz. Die Strohhüte bleiben eingemottet bis zum letzten Montag im Mai.

Leger und farbenfroh – oder besser dezent und unauffällig?

- In Schweden ist man bei der Kleiderordnung immer sehr rücksichtsvoll. Keinesfalls darf man zu schick angezogen erscheinen. Die Grundregel lautet nämlich: Niemand anderer soll sich schlecht fühlen – also auch nicht „underdressed". Deswegen wird ein Gastgeber sich eher ein wenig legerer kleiden, um jeden Gast, der eben nicht gestylt kommt, nicht zu brüskieren. Beim Betreten eines Hauses oder einer Wohnung zieht man übrigens die Straßenschuhe aus.

- In Italien öffnet man immer angezogen die Tür. Und zwar komplett angezogen, und auch dann, wenn der Postbote morgens um acht Uhr klingelt. Im Schlafanzug oder selbst im Morgenrock ist ein No-go. Lieber lässt man den Post- oder Paketträger ein bisschen warten oder bittet ihn, selbstverständlich durch die verschlossene Türe hindurch, er möge später wiederkommen. Selbst wenn Sie einen noch so tollen Sixpack-Body haben: Ohne Hemd oder wenigstens T-Shirt einen Stadtbummel zu machen – das geht gar nicht! Sie wissen doch: „bella figura". Und das heißt halt nicht „schöner Körper".

- In Großbritannien ist Anzug mit Krawatte, selbst wenn Sie sich noch so sehr sträuben, ein absolutes Muss. Außer Sie sind Lehrer oder an einer Uni beschäftigt. Dann dürfen Sie ein wenig lockerer gekleidet sein, also auch mal ohne Jackett gehen. Aber immer mit Krawatte! Passen Sie auf, welches Muster Ihr Schlips hat. Nicht dass Sie aus Versehen die Farben einer bekannten Privatschule, Universität oder gar eines Clubs tragen – und da gar nicht waren beziehungsweise kein Mitglied sind. Das wäre ziemlich peinlich!

- In Asien gelten sehr vielen Ländern Füße und damit auch Schuhe als unrein. Deshalb zieht man sie besser aus – nicht nur, wenn Sie einen Tempel betreten, sondern auch dann, wenn Sie einen ganz normalen Besuch in einem Privathaus machen.

- In Japan gibt es vor der Toilette „WC-Pantoffeln". Prinzipiell betritt man in Japan das Haus nicht mit Straßenschuhen und zieht sich extra Pantoffeln an. Aber fürs Klo gibt es eben noch gesondert Schuhe. Man trägt diese „WC-Pantoffeln" aber bitte wirklich nur zum Besuch auf dem Örtchen und zieht sie wieder aus, wenn man wieder in den Wohnraum zurückkommt. Es gibt wohl kaum etwas Peinlicheres, als wenn Sie mit den „WC-Pantoffeln" ins Wohnzimmer gehen. Kleiner Tipp für den Toilettengang: Oft gibt es keinen Schlüssel, und deshalb klopft der höfliche Japaner auf jeden Fall erst mal an. Wird dann von innen „zurückgeklopft", wissen Sie Bescheid: Es ist besetzt!

- In Indien tragen Sie besser niemals Kleidung aus Leder. Weder als Jacke noch als Hose. Das Material von „toten Tieren" ist tabu. Bei Schuhen und Gürtel gelten da aber anscheinend Ausnahmen. Allerdings – wenn Sie besonders höflich sein wollen ... Kurze Hosen sind „unmöglich" – Bermudas allerdings sind erlaubt. Und sogar so standesgemäß, dass man damit überall reinkommt. Sie hüllen sich bitte weder in einen Sari noch in einen Sarong. Damit machen Sie sich als Europäerin einfach lächerlich.

- In arabischen Ländern gilt prinzipiell: Wer nicht arm ist, zeigt das gerne und stolz. Nachlässige Kleidung – dazu gehört auch ein allzu legeres Urlaubs-Outfit – zeigt hier nicht an, wie lässig Sie sind. Sondern bedeutet im Grunde: Sie sind ein armer Schlucker. Und haben natürlich zudem keine Ahnung, wie man sich richtig anzieht. Kurze Hosen und Ärmel sind nur dann erlaubt, wenn Sie sich gerade sportlich betätigen. Als Tourist tragen Sie bitte weder Burnus noch Kaftan, auch kein „Palästinensertuch" mit Schnur. Das ist nämlich in etwa so lächerlich wie ein Japaner oder Amerikaner, der sich in Lederhosen und mit Gamsbarthut auf dem Oktoberfest herumtreibt. Mit passender Gattin im Dirndl.

- In Saudi-Arabien müssen alle Frauen, auch nichtarabische, die „abaya", also das traditionelle schwarze Gewand, tragen.

- In Neuseeland kennt man Ärzte nicht als „Halbgötter in Weiß". Weder in der Klinik, noch in der privaten Praxis ist alles automatisch weiß und klinisch sauber. Kann Ihnen durchaus passieren, dass Sie auf einen Herrn Doktor stoßen, den Sie eigentlich eher für den Hausmeister halten. Und Frau Doktor sieht vielleicht aus, als ob sie grad vom Surfen oder Schafehüten käme. Und sie ist wohlgemerkt nicht die Tierärztin!

- In Australien sind im „Northern Territory" Bermudas für den Herrn erlaubt. Wenn Sie sich trauen (und die Beine dafür haben), also nur zu! Sie tragen dazu dann Hemd, aber keine Krawatte, außerdem Kniestrümpfe und geschlossene Schuhe (keine Turnschuhe).

- In Bolivien macht es keinen guten Eindruck, wenn Sie sich in die farbenprächtigen Gewänder der einheimischen Indianer werfen und dazu vielleicht auch noch den typischen schwarzen Hut tragen.

- In Südafrika ist es durchaus kein Zeichen von Armut, wenn weiße Kinder und Erwachsene ohne Schuhe unterwegs sind – auch in der Stadt. Barfußgehen gilt hier als Zeichen für Lässigkeit und Naturverbundenheit.

- In den Vereinigten Staaten kennt man den „Casual Friday". Allerdings heißt das ganz und gar nicht, dass Sie an diesem Tag leger in Jeans und Sweatshirt ins Büro kommen dürfen. Man trägt an einem Freitag keinen streng korrekten Anzug, sondern eher eine Kombination. Jeans oder – noch schlimmer – sportliche Bekleidung geht gar nicht. Sneakers als Schuhe übrigens ebenfalls nicht. Bitte machen Sie auch nicht den Fehler, sich allzu sehr anpassen zu wollen und in Cowboystiefeln und dem passenden Hut aufzutreten. Nicht mal in Texas! In Restaurants heißt es für den Herrn: immer mit Jackett. Auch im Hotel.

Am besten ganz ohne?

Das kommt so gut wie nirgends auf der Welt vor. Zumindest nicht in den einigermaßen bekannten zivilisierten Gegenden. Falls es Sie in eine Region verschlägt, in der Nacktheit ausdrücklich erwünscht ist, werden Sie das vermutlich sehr schnell herausfinden. Und sich dann automatisch anpassen. Umgekehrt – also Nacktheit als Tabu – ist dagegen viel häufiger als Sie wahrscheinlich auch nur ahnen. Eine große Ausnahme aber möchte ich Ihnen verraten: An der Ostsee, bis heute eine Region von Freikörperkultur, ist es sozusagen „Pflicht", zumindest auf dem Stellplatz in Prerow, wirklich komplett nackig zu agieren. Selbst beim Abspülen und beim Bäcker zum Brötcheneinkauf.

Getrennt oder gemeinsam? Von Sauna und Badehaus

Nicht mal in der Sauna ist der komplett nackte Auftritt auf der ganzen Welt der Normalfall. Im Gegenteil. Ganz ohne in die Sauna darf man eigentlich sogar nur in wenigen Ländern: bei uns in Deutschland, in Österreich und dem deutschsprachigen Teil der Schweiz, in Südtirol – also dem deutschsprachigen Norden Italiens, in Finnland und Russland, in den baltischen Staaten, in Slowenien und Kroatien, in den Beneluxstaaten – und in Japan.

Schamhafter geht es überall sonst auf der Welt zu: Selbst im scheinbar so liberalen Frankreich, in Großbritannien, im südlichen Europa und in Amerika bedeckt man sich. Gemischte Sauna und dann noch nackt ist sowieso fast überall auf der Welt tabu.
- In Finnland, bei den „Erfindern" der Sauna, geht man nackt und getrennt in die heiße Kammer. Allerdings auch ohne Handtuch. Der Finne ist der Ansicht: Wenn schon schwitzen, dann richtig.

Frottee stört da nur. In Deutschland wäre das unmöglich, bei uns gilt es als unhygienisch, wenn der Schweiß aller möglichen Leute aufs gemeinsam genutzte Holz tropft.

- In Slowenien hat man keine Angst vor Fußpilz: In die Sauna geht man von Kopf bis Zeh splitterfasernackt. Badeschlappen mögen die Slowenen in der Sauna nicht sehen.

- In Polen trägt man in der Sauna Badehose beziehungsweise Badeanzug. Zumindest in den öffentlichen Saunen. Sind Sie in eine private eingeladen, mag das anders sein – aber dann wird man Ihnen das sicher mitteilen. Seien Sie aber lieber auf „bekleidet" gefasst und tauchen Sie besser nicht so auf, wie der liebe Gott Sie geschaffen hat.

- In Japan kennt man keine Sauna, wie sie bei uns üblich ist. Hitze allerdings kennt man durchaus. In jedem japanischen Badehaus ist das Wasser extrem heiß: mindestens 40 Grad Celsius – probieren Sie das mal in Ihrer Badewanne aus! Es ist viel heißer als das Wasser in jedem deutschen Schwimmbad, allenfalls manches Thermalbad kommt da noch mit. Ganz wichtig: Man badet zwar nackt. Aber man reinigt sich vor dem gemeinsamen Bad gründlichst von oben bis unten. Seifenschaum wird abgespült, und Handtücher haben in der heißen Wanne nichts verloren. Man badet übrigens getrennt (selbst wenn diese Trennung oft nur durch einen halbhohen Zaun oder sogar nur ein Seil angezeigt wird). Früher war gemeinsames Baden üblich; die Trennung sollen die doch etwas prüden Amerikaner eingeführt haben, als sie nach dem Zweiten Weltkrieg in Japan waren.

- In arabischen Ländern kennt man Sauna beziehungsweise Dampfbaden ebenfalls. Wundern Sie sich nicht, wenn es hier lautstark und fröhlich zugeht, hier ist es niemals so dezent und ruhig wie in Deutschland. Ins arabische Badehaus, den Hamam, geht man natürlich streng nach Geschlechtern getrennt. Aber geklatscht und diskutiert wird in beiden Abteilungen – in der männlichen ebenso wie in der weiblichen. Ganz nackt ist man hier nicht, Männer haben ein spezielles Handtuch um die Hüfte gewickelt, Frauen bedecken natürlich zudem ihren Busen.

- In Skandinavien gehört die Sauna beinahe schon zum ganz normalen geschäftlichen Umgang: Niemandem ist es peinlich, seinen Boss dort nackt zu treffen. Es ist sogar üblich, mit der ganzen Abteilung – Chef und Angestellte – zum Feierabend gemeinsam zu saunieren. Allerdings: Man geht getrennt saunieren, und einen Aufguss aus Schnaps kennt man absolut nicht. Alkohol ist in Schweden und Norwegen ja auch ziemlich teuer.

- In Russland geht man nackt und strikt getrennt in die Sauna, und man nimmt ein Handtuch mit. Noch etwas gehört hier dazu: Birkenzweige. Sie sind tiefgekühlt und man benutzt sie, um den Körper nach dem Saunagang „abzuschlagen". Das regt den Kreislauf an und macht die Haut rosig! Beliebt sind Aufgüsse mit Alkohol, und zwar – natürlich! – mit Wodka. Aber auch mit Bier, und das lässt die Sauna nach frisch gebackenem Brot duften. Sagen die Russen, andere sagen anders und empfinden den Geruch als leicht unangenehm.
- In südamerikanischen Ländern kennt man die Sauna nur zu medizinischen Zwecken. In Mexiko beispielsweise als eine Art Schwitzkabine, das sogenannte „Temazcal".

Und wenigstens topless an den Strand?

Die Brasilianerinnen machen es vor, wie man mit dem allerkleinsten, winzigsten Fetzchen Stoff als „bedeckt" gilt. Und wenn man die Herren der Schöpfung fragt, wird klar: Kaum etwas ist erotischer und sexuell anziehender als eine Brasilianerin im allerknappsten Tanga. Dennoch werden Sie in Brasilien an den Stränden niemanden „oben ohne" baden sehen. Nicht mal Sonnenbaden. Und das ist auch in vielen anderen Ländern so.

FKK – also Freikörperkultur – ist eine europäische, besser gesagt: deutsche Erfindung. Zwar hat man früher bei den alten Griechen durchaus nackt Sport getrieben (unter anderem deshalb waren bei den Olympischen Spielen in der Antike Frauen als Zuschauer nicht zugelassen). Heute allerdings sehen das die Griechen völlig anders: Wie in vielen europäischen Ländern ist am Strand, geschweige denn anderswo, topless oder gar ganz nackt baden strikt verboten.

- Kroatien ist eine der wenigen Ausnahmen auf der schönen weiten Welt, in der Nacktbaden schon sehr lange beliebt ist. Schon zu Zeiten, als es noch Jugoslawien gab, reisten viele Bundesbürger unter anderem genau deshalb in diese Gegend. Das hat sich nicht geändert – allerdings müssen Sie, vor allem als männlicher

Single, einen Ausweis der „Internationalen Naturistenvereinigung" vorlegen, wenn Sie ein kroatisches FKK-Zentrum besuchen wollen.

- In Polen bleiben Sie besser bekleidet: Es ist zwar nicht ausdrücklich verboten, aber man sieht es nicht gerne, wenn Frau sich oben ohne zeigt. Die Polen sind sehr katholisch-moralisch. Immerhin haben sie den letzten Papst gestellt ...
- Frankreich lässt die Nacktbaderei an vielen ausgewählten Stränden zu, vor allem an der Atlantikküste. Nicht allerdings am Pariser künstlich aufgeschütteten Sandstrand an der Seine! Hier, am „Paris Plage", ist es mittlerweile verboten – selbst String-Tangas und „nur" oben ohne sind nicht mehr erlaubt. Also besser genau nachchecken, wo man darf und wo nicht. Bevor Sie an französischen Stränden, vor allem an der Riviera, ins Fettnäpfchen treten.
- Auf Korsika – das ja auch zu Frankreich gehört – ist man zurückhaltender, nur in versteckten Buchten darf man „ganz ohne".
- Im gesamten südeuropäischen Raum sowie auf den kanarischen Inseln und den Balearen werden Sie wohl kaum einheimische Frauen ohne Bikinioberteil oder gar nackt baden sehen. Zumindest nicht an den öffentlich zugänglichen Stränden. Es mag da die eine oder andere Bucht geben, in der das Auge des Gesetzes wegschaut (oder vielleicht eher aus weiter Entfernung genau mit dem Fernglas beobachtet). Aber prinzipiell ist FKK nicht erlaubt. Sonnenbaden ohne Bikinioberteil wird meist geduldet – allerdings werden Sie damit rechnen müssen, dass Sie angestarrt werden. Außer Sie halten sich lediglich an Stränden auf, an denen sich ausschließlich Touristen tummeln. Oder Sie bleiben in der Hotelanlage. An der portugiesischen Algarve gibt es allerdings mittlerweile einige ausgewiesene Nacktbadestrände. Ebenso auf den spanischen Inseln Gran Canaria und La Gomera.
- In Italien zieht man sich am Strand niemals in der Öffentlichkeit um und lässt dabei Busen oder Po blitzen. Ein großes Strandlaken ist Pflicht – oder aber man geht in eine der Umkleidekabinen an den öffentlichen Stränden.
- In Dänemark ist Nacktbaden weitestgehend erlaubt. Mittlerweile soll es sogar so sein, dass Textilstrände extra ausgewiesen sind und Nackigbaden der Normalfall.

- In Skandinavien dürfen Sie als Dame oben ohne sonnen, aber trotzdem: Bekleiden Sie sich besser, wenn Sie ins Wasser gehen.
- In Asien und in muslimischen Ländern – das ist Ihnen aber hoffentlich klar – ist nacktes Baden, ja selbst oben ohne absolut tabu! Selbst ein knapper Bikini kann da schon zu Anfeindungen durch andere Badegäste führen. Wenn Sie also nahtlos braun werden wollen, bleiben Ihnen nur zwei Möglichkeiten: ein anderes Urlaubsland – oder eine sehr versteckte Badebucht.
- In Griechenland dürfen Sie lediglich auf ein paar Urlaubsinseln an ausgewiesenen Stränden „ganz ohne" bräunen. Etwa auf Mykonos oder auf Kreta. Überall sonst: No-go. Und auf dem Festland sowieso.
- In Großbritannien gibt es wohl an der südlichen Küste einige Strände, an denen man nichts dagegen hat, wenn Sie sich „ohne" zeigen. An jedem Familienstrand jedoch ist es verpönt!
- In Italien ist das Baden ganz nackt und oben ohne ausdrücklich nicht erlaubt. Geduldet wird allerdings, wenn Sie beim Sonnenbad das Bikinioberteil ablegen. Und auf der Insel Elba gibt es einige Buchten, in denen man „ganz ohne" darf.
- Die Türkei ist ja mittlerweile ein Lieblingsferienland der Bundesbürger. Aber: Nacktbaden ist hier grundsätzlich verboten, und selbst wenn Sie in einer Ferienanlage meinen, Sie könnten oben ohne am Pool liegen, täuschen Sie sich. Es wird nämlich gerne vom einheimischen Personal als deutliche Anmache gewertet, und wenn Sie in dieser Hinsicht keinerlei Absichten hegen, kann das ziemlich lästig sein. Also lieber bedecken – oder woandershin in Urlaub fahren.
- In Ägypten bleiben Sie auch in den Hotelanlagen besser bedeckt. Ähnlich wie in der Türkei kann hier sogar ein Bikini Missfallen erregen. Es gibt doch so schöne Einteiler ...
- In Indien ist das Baden ohne Textilien absolut verboten. Auch in Touristenzentren! Selbst oben ohne ist tabu. Und wenn Sie sich noch so sehr dagegen sträuben und auf andere Urlauberinnen verweisen: Inder halten das Zeigen des nackten Körpers für verwerflich. Das hindert natürlich keinen Inder daran, nackte Touristinnen am Strand anzustarren und eindeutig anzumachen. Es soll sogar mal regelrechte Ausflugsfahrten nach Goa gegeben haben: Sightseeing zu den nackten Hippies ...

- In Thailand ist Nacktbaden zwar ebenfalls verboten, und Sie werden niemals eine thailändische Frau am Strand ohne Kleidung sehen. In den Touristenzentren jedoch duldet man es mittlerweile, dass Europäerinnen sich ohne Bikinioberteil sonnen. Gern gesehen ist es trotzdem nicht! Die einheimischen Frauen übrigens gehen meist sogar mit T-Shirt und Shorts ins Wasser: Nicht nur aus Prüderie, sondern auch zum Sonnenschutz!
- In den Vereinigten Staaten legt man ebenfalls Wert auf Zucht und Ordnung. In den USA ist „topless" und Nacktbaden verboten – und Sie halten sich besser daran. Übrigens sollten auch Kinder stets Badekleidung tragen; was bei uns absolut normal ist, nämlich dass kleine Kinder ganz ohne ins Meer oder in den Swimmingpool springen, geht bei den Amerikanern gar nicht! Träumen Sie besser nicht davon, dass Sie auf Hawaii textillos in die Fluten springen könnten – im „Aloha State" ist das ebenfalls überall verboten. Wichtig für die Herren der Schöpfung: Knappe Badehosen sind ein No-go. Die sind zwar mittlerweile bei uns in Deutschland ebenfalls eher unmodern geworden. Aber in den Vereinigten Staaten würden Sie damit regelrecht auffallen. Hier gilt: bitte Badeshorts, am besten bis fast zum Knie.
- In Kanada kennt man einige Nacktbadestrände, die extra ausgewiesen sind. Aber so richtig gern gesehen ist das hier auch nicht.
- In Mittel- und Südamerika gibt es zwar wohl die reizvollsten Bikinis. Aber oben ohne ist trotzdem fast nirgends erlaubt oder wenigstens nicht gern gesehen. In der Dominikanischen Republik ebenso wie auf Jamaika, und auf Kuba ist es sogar verboten. Nahtlos bräunen ist also gar nicht mal so „in" – der winzige Streifen eines Tangas sollte Ihre sonst so braune Haut verzieren … Und um auf die Brasilianerinnen zurückzukommen: Die wissen genau, was erotisch ist! Ganz nackt geht hier gar nicht – das empfindet man sogar als abstoßend. In Mexiko und Venezuela ist textilfrei verboten – und Sie halten sich auch besser daran. Außer Sie machen Urlaub in einer reinen Touristenregion.
- In Australien und Neuseeland ist Nacktbaden verpönt. Es gibt einige wenige Strände – achten Sie hier auf den Hinweis „clothing optional". Oben ohne darf man in Australien, in Neuseeland aber nicht.

Last, but not least: Afrika.
- In Kenia nackt oder oben ohne bitte nur am Hotelstrand und auch da nur, wenn es ausdrücklich erlaubt ist. Überall sonst drohen strenge Strafen – bis hin zum Gefängnis.
- In Südafrika verzichten Sie besser landesweit auf das Baden ohne Bikinioberteil. Es gibt – allerdings nur inoffiziell – lediglich einen FKK-Strand: an der Atlantikküste in der Nähe von Kapstadt.

Kapitel 9

„Nun erzählen Sie mal ...“

Von Tabus bei Gesprächsthemen

Smalltalk ist zwar eine Kunst, aber eine, die jedermann lernen kann. Sie müssen eben nur wissen, welche Themen Sie jeweils ansprechen dürfen. Klar ist wohl: Alle Themen, die auch nur in der geringsten Weise zu heftigen Diskussionen oder gar Konflikten führen könnten, sind ein No-go. Schließlich wollen Sie ja einen netten Abend gemeinsam verbringen oder geschäftlich Erfolge erzielen. Das wird wohl kaum von Erfolg gekrönt sein, wenn Sie sich erst einmal mit Ihrem künftigen Geschäftspartner zoffen. Es ist aber auch nicht immer opportun, wenn Sie – statt auf ein allgemein diskutiertes Thema – lieber ins Private ausweichen. Es gibt Länder, da ist das absolut in Ordnung, und man freut sich über Ihr Interesse an der Familie. Es gibt aber genug Regionen auf dieser Welt, wo das Privatleben eben wirklich privat ist. Und wo man eben nicht darüber spricht, was da passiert, welche Hobbys man hat und Ähnliches. Selbst Fußball oder eine andere nationale Sportart können Konfliktpotenzial in sich bergen.

Was bleibt da noch übrig? Das Wetter?

Warum nicht!? Es ist ein unerschöpfliches Thema, es betrifft jeden von uns, und genau deshalb kann man darüber so herrlich reden. Und Sie merken nach dem unverfänglichen Einstieg schnell, inwieweit Ihr Gesprächspartner zu anderen Themen übergeht, welche ihm am Herzen liegen. Vielleicht der letzte Urlaub? Oder der Job? Wobei Letzteres nicht unproblematisch sein kann. Etwa wenn es ums Geld geht …

Worüber man gerne redet

Nicht nur über das Wetter. Das ist ja wohl mal klar. Obwohl es fast überall auf der Welt ein wundervoller Gesprächseinstieg ist. Bei uns in Deutschland genauso wie in Großbritannien, wo es bekanntlich dauernd regnet. Und das Wetter ist in Italien, Südafrika oder Asien natürlich immer ein Thema. Artet das normale Wetter dann sogar in Unwetter oder gar eine Katastrophe aus, ist das – rein gesprächsmäßig gesehen! – umso besser. Darüber kann man dann wirklich stundenlang reden. Vor allem, weil es beim Wetter meist keinen Bösewicht gibt, der das Ganze verursacht hat.

Anders als etwa, wenn Sie in Italien über die Mafia sprechen. Das wäre heikel und nicht empfehlenswert. Denn da gibt es einen Bösen (oder eigentlich: viele), und das Peinliche an der Sache ist, dass irgendwie alle mit der Mafia verstrickt zu sein scheinen: Politiker, Polizei, Juristen – vielleicht auch Ihr Gesprächspartner. Wissen Sie's genau? Objektiv betrachtet ist das natürlich nicht so. Dennoch sollten Sie das Thema in Italien lassen. Ihnen würde es doch auch nicht gefallen, wenn Sie einen Gast in Deutschland betreuen und der ständig über uns unangenehme Themen spricht. Aber worüber – um Himmels willen! – redet man dann bloß!?

• In Japan müssen Sie der Gefahr ins Auge blicken, dass so mancher Sohn Nippons sich in deutschen Belangen wesentlich besser auskennt als Sie selbst. Vor allem dann, wenn es zum Beispiel um Musik geht – ein Thema, in das sich Japaner mit Freude vertiefen. Denn deutsche Musik ist sehr beliebt. Natürlich vor allem Klassik und nicht nur „Tokio Hotel". Da sollten Sie sich vorher ein wenig kundig machen. Erstens weil Sie vielleicht in eine Karaoke-Bar eingeladen werden und dort etwas zum Besten geben müssen. Und zweitens, weil Sie sonst schnell Ihr Gesicht verloren haben, wenn Sie zu viel Unwissenheit offenbaren und nicht einmal die wichtigsten deutschen Komponisten und Musiker kennen. Ihr Gesicht verlieren Sie allerdings niemals, wenn Sie sich selbst ein wenig herabstufen. Zeigen Sie sich also bescheiden, und wenn Ihnen jemand ein Kompliment macht, spielen Sie auch das am besten ein wenig herunter.

- In Argentinien gibt es zwei Hauptthemen, mit denen Sie immer richtig liegen: Musik und Fußball. Und richtig anerkannt werden Sie, gerade als Deutscher, wenn Sie wissen, dass das Instrument des Tango, nämlich das Bandoneon, von einem Deutschen, nämlich von Wilhelm Seyffardt, im Jahr 1855 nach Buenos Aires gebracht wurde. Noch etwas: „Che" ist eine beliebte Anrede, die nichts, aber auch gar nichts mit dem Revolutionär und Kampfgefährten des kubanischen Präsidenten Fidel Castro zu tun hat. Über Kinder spricht man nur Gutes: Die lieben Kleinen sind stets wohlerzogen, selbst wenn man gerade ganz andere Erfahrungen gemacht hat ...

- In Brasilien redet man besser niemals von Fußballern aus Argentinien. Außer natürlich, um die brasilianischen Spieler hervorzuheben, und dass die Brasilianer große Fußballspieler haben, ist ja glücklicherweise unbestritten!

- In Italien und Spanien, in Griechenland und den meisten Ländern Südamerikas sind Fragen nach dem Privatleben, nach der Ehefrau und Familie oder nach dem letzten Urlaub ein guter Gesprächseinstieg. Natürlich erkundigen Sie sich nicht allzu genau nach der Ehefrau – man weiß ja nie ...

- In Italien allerdings ist das Familienleben, der Stolz auf die eigene Familie, auf die Kinder beinah ein absolutes Pflichtthema in jedem Gespräch. Und Sie machen sich durchaus beliebt, wenn Sie nicht nur Interesse zeigen, sondern freudig von den eigenen Lieben daheim berichten. Wenn Sie dann noch Fotos beisteuern können – in der Brieftasche oder gleich auf dem Mobiltelefon –, haben Sie das Herz jedes Italieners erobert. Ebenfalls ein absolutes Topthema in Italien: die italienische Kultur. Wir müssen wohl nicht erwähnen, dass es hier auf Schritt und Tritt Kulturdenkmäler gibt, die Ihresgleichen suchen. Und wenn Ihnen das immer noch nicht reicht: Reden Sie über die italienische Küche. Das ist ein mehr als abendfüllendes Thema!

- In Großbritannien wettet man gern. Nicht nur auf Fußball, Pferde, Sport. Sondern wirklich auf alles, was Sie sich nur vorstellen können. Klar, dass das ein Thema ist, mit dem Sie punkten. Der britische Humor erfordert nicht nur Understatement, sondern zudem die Fähigkeit, sich selbst auf die Schippe nehmen zu können. Wenn Ihnen das gegeben ist – hervorragend. Übrigens, wenn Sie jemandem eine andere Person vorstellen, ist es üblich, nicht nur deren Namen zu nennen, sondern eine kleine Erklärung dazu zu liefern. Beispielsweise „Peter spielt leidenschaftlich gerne Fußball und ist im XY-Verein." Sie können sicher sein: Das sogenannte „Wembley-Tor" wird früher oder später in jeder Unterhaltung mit einem Deutschen zum Thema. Seien Sie vorbereitet!
- In Österreich machen Sie sich beliebt, wenn Sie über die große Vergangenheit der ehemaligen Donaumonarchie Bescheid wissen. Nicht nur über Kaiserin Sissi bitte! Da gibt es doch – neben kulturell herausragenden Dingen – noch ein paar andere Sachen.
- In Polen ist es kein Tabu, über die jüngere Vergangenheit und sogar Auschwitz zu sprechen. Im Gegenteil: Es kann Ihnen durchaus passieren, dass Sie nach Ihrer Einstellung dazu befragt werden. Dann sollten Sie fundiert antworten können und sich nicht mit Banalitäten herauswinden müssen.
- In Osttimor sind Katzen heilig. Loben Sie Ihr samtpfötiges Haustier in den Himmel und lästern Sie niemals über Katzen oder sagen gar schlechte Dinge. Auch über Ihre Katzenallergie sollten Sie vielleicht Stillschweigen bewahren.
- In Korea hat man überhaupt keine Hemmungen, sich gegenseitig zu offenbaren: Da werden Fragen gestellt, die Sie überall auf der Welt eher als intim bezeichnen würden. Das geht von „wie alt sind Sie?" über „sind Sie verheiratet?" bis zu „welche Religion haben Sie?" Keine Hemmungen bitte: Machen Sie es einfach genauso.
- In Griechenland steht die Wiege der Demokratie, hier wurde eigentlich sowieso alles erfunden, was den modernen Menschen in Europa ausmacht. Dieser festen Überzeugung sind die Griechen – das kann man bestens zum Beispiel in dem Film „My Big Fat Greek Wedding – Hochzeit auf Griechisch" sehen. Und so haben Sie ohne Probleme sofort ein Gesprächsthema, das heißt: nicht

nur eines. Viele. Allerdings natürlich nur so lange, als Sie positiv über all die kulturellen Errungenschaften der Griechen sprechen.

- In Indien legt man sich – sollte man kinderlos sein – am besten „Leihkinder" zu: etwa Nichten und Neffen oder wesentlich jüngere Cousins. Damit ist die schlimmste Klippe im Smalltalk umschifft. Ein unerschöpfliches Thema für jeden Inder: Namen und ihre ideelle sowie gesellschaftliche Deutung. Vorsicht Falle: Es kann passieren, dass Ihr indischer Gesprächspartner geradezu euphorisch von Hitler spricht, wenn er herausgefunden hat, dass Sie aus Deutschland stammen. Das liegt daran, dass er ihn lediglich mit zwei Tatsachen verbindet: dem Krieg gegen die ungeliebten Engländer und den Ariern, einem prähistorischen Volk, das vor etwa 2000 Jahren nach Indien einwanderte. Versuchen Sie am besten, möglichst schnell zu einem unverfänglichen Thema überzugehen.

Über Geld spricht man nicht. Oder doch?

Bei uns in Deutschland geht man ja diskret mit Informationen und vor allem Details darüber um, was jeder Einzelne in der Firma so an Gehalt hat. Oft ist diese Geheimnistuerei sogar im Arbeitsvertrag festgehalten. Wir frönen halt alle dem guten alten deutschen Sprichwort „über Geld spricht man nicht." Also ist der Verdienst, den man Monat für Monat, Jahr für Jahr einstreicht, natürlich keinerlei Thema für den Smalltalk. Andererseits: Es gibt die Aussage „Geld stinkt nicht", die vom römischen Kaiser Titus Flavius Vespasianus überliefert ist. „Pecunia non olet", meinte er nämlich, als er eine Steuer auf die öffentlichen Toiletten erhob. Nun heißt das ja nicht, dass Sie Ihr Geld auf anrüchige Art und Weise verdienen und deshalb nicht drüber reden wollen bzw. dürfen. Aber irgendwie scheint sich das Gesprächsthema Geld und Gehalt in Deutschland nicht leicht durchzusetzen.

Ganz anders ist das beispielsweise in den USA: Hier ist man stolz darauf, was man verdient. Und erzählt gerne schon beim ersten Zusammentreffen, wie viel man sich deswegen leisten kann. Denn das Gehalt ist in den Vereinigten Staaten Gradmesser dafür, wie gut die eigene Leistung ist. Darauf ist man stolz, da hat man nichts zu verbergen! Wenn Sie in den Vereinigten Staaten zu Besuch sind, geschäftlich oder privat, ist die Frage danach, „wie viel Sie wert sind", ein völlig normales Gesprächsthema, ja sogar ein Einstieg in eine Unterhaltung zwischen zwei völlig Fremden. Wundern Sie sich also bitte nicht – und haben Sie die entsprechenden Zahlen parat: im Jahresgehalt ausgedrückt bitte; über den Monatslohn spricht bei den Amerikanern nämlich kein Mensch.

Spezialfall: Handy in Italien

Italiener haben ein beinahe erotisches Verhältnis zu ihrem mobilen Telefon. Praktisch jeder hat mindestens zwei, oft sogar noch mehr. Das hat seinen Grund: In der Anfangszeit gab es sehr komplizierte Tarife, und so neigten die Italiener dazu, sich eben für jeden Tarif ein eigenes Telefon zuzulegen. Einmal war's eben billiger, zwischen neun Uhr abends und neun Uhr morgens zu telefonieren; ein anderer Anbieter bot preiswerte Gespräche an, wenn die Dauer entsprechend lange war, und der dritte verlangte keine Einwahlgebühr. Heute ist zwar alles übersichtlicher, aber Gewohnheiten lassen sich eben nur schlecht ausräumen.

Für uns sehr ungewohnt ist der sogenannte „Squillo" – das ist ein einmaliges Anklingeln, mit dem man signalisiert: „Ich bin angekommen" oder schlicht und ergreifend: „Ich denke an Dich!" Man darf natürlich „zurückrufen". Aber Achtung: Der Squillo kann zwar einerseits nur freundschaftlich gemeint sein. Es kann aber auch bedeuten, dass Sie mehr als nur bloßes Interesse haben ...

Worüber man nicht spricht

In Japan gibt es strikte gesellschaftliche Regeln. Allerdings herrschen keine Verbote, sondern Gebote. Man reguliert das Zusammensein schlicht und ergreifend durch – Ignorieren. Was ein Japaner nicht mag, wozu er keine Beziehung hat – das findet einfach nicht statt. Nur innerhalb der Gemeinschaft, das ist Familie, Nachbarschaft, auch die Kollegen in der Firma, hilft man sich weiter. Als Fremder ist es daher gar nicht so einfach, überhaupt wahrgenommen zu werden. Es wäre ja für einen Japaner schon schwierig zu wissen, wie man den „Gaijin" überhaupt richtig anspricht. Also lässt man es lieber gleich. Es ist also nicht unhöflich, wenn man in Japan nicht direkt auf Sie zugeht.

- In Asien sind Fragen nach dem Privatleben eher tabu. Sie werden als indiskret empfunden.

- In Korea ist es tabu, beim Arzt beim Krankenbesuch nach der Diagnose zu fragen. Das bedeutet nämlich nichts anderes, als dass Sie seine Fähigkeiten anzweifeln.

- In Großbritannien ist das ähnlich. Das Privatleben ist hier eben privat. Damit versteht man auch die Aussage besser: „My home is my castle" – und in dieses Schloss lässt der Engländer eben niemanden einfach hinein. Da zieht er die Zugbrücke hoch. Deshalb lassen Sie das Private beim Smalltalk besser außen vor. Sie sollten es außerdem vermeiden, ganz egal, ob Sie die allerschlechtesten oder allerbesten Erfahrungen in dieser Hinsicht gemacht haben, über die englische Küche zu sprechen. Die Engländer wissen, dass sie damit keinen Blumentopf gewinnen können. Man muss es ihnen nicht noch unter die Nase reiben. Hüten Sie sich übrigens davor, den berühmten englischen Humor nachahmen zu wollen. Das erfordert erstens jahrelange Übung, und zweitens kann es leicht passieren, dass Sie genau deshalb ganz und gar nicht humorvoll im britischen Sinne wirken. Sondern eher lächerlich. Und wie peinlich ist es, wenn dann eben niemand lacht oder zumindest lächelt, sondern überhaupt keine Miene verzogen wird. Einen tiefen Sprung ins Fettnäpfchen machen Sie, wenn Sie sich in irgendeiner Weise negativ über die Royals äußern. Ja, klar: Da gibt es eine Menge Skandale und Skandälchen. Das haben Sie schließlich beim Friseur gelesen. Aber das sollte Ihre Sache nicht sein. Vielleicht sind Sie ja auch bloß sauer und neidisch, weil's bei uns eben nur Angela Merkel gibt …

- In Frankreich ist es tabu, schlecht über den Stolz der Franzosen zu reden – über Napoleon nämlich. Das Privatleben Ihrer Gastgeber sollten Sie außen vor lassen. Es gilt nämlich als aufdringlich, da allzu sehr nachzubohren.

- In Österreich ist es wenig opportun, darauf hinzuweisen, dass Hitler ja eigentlich gebürtiger Österreicher war.

- In den Niederlanden gibt es bekanntlich mehrere Volksgruppen: die Holländer im Norden, im Süden unter anderem Friesen und Limburger. Absolutes Tabu: Wenn Sie statt Niederlande einfach nur Holland sagen. Das wäre in etwa so, wie wenn Sie die Badener in Baden-Württemberg einfach Schwaben nennen. Oder wenn Sie behaupten, dass Bayern und Österreicher dieselbe Sprache sprechen ...
- Für England gilt übrigens dasselbe: Sagen Sie niemals einfach „Engländer", wenn Sie nicht genau diese meinen. Es gibt nämlich bekanntlich Waliser und Schotten (und auch noch Iren. Aber das ist eine andere Geschichte). Die sind zwar alle Briten – aber eben keine Engländer.
- In Spanien (und Portugal) gibt es immer noch Stierkämpfe. Sie müssen kein Freund dieser Tradition sein, aber Sie sollten, vor allem wenn Sie nicht genau wissen, wie Ihr Gastgeber darüber denkt, nicht großartig den Tierschützer herauskehren. Lassen Sie das Thema lieber ganz. Gibt doch genug anderes, über das Sie miteinander plaudern können.
- In Portugal vermeiden Sie es besser, die Portugiesen mit den Spaniern in einen Topf zu werfen. Da kann man nämlich dann erleben, dass nicht die stolzen Spanier, sondern die Portugiesen wirklichen Nationalstolz zeigen. Eine große Vergangenheit haben beide Länder – sprechen Sie aber besser über die positiven Aspekte. Also über die Entdeckungsreisen und nicht über Sklavenhandel oder die Zerstörung und Ausbeutung der Kolonien. Und bitte auch nicht über die Zeit der Diktatur von Salazar oder Franco.
- Die Schweiz und ihre Bewohner leiden manchmal ein wenig darunter, dass man sie nicht so richtig ernst nimmt. Ein echtes Tabuthema ist beispielsweise das Schweizer Militär. Und die Frage, ob es in der Schweiz tatsächlich eine Marine gibt, ist ebenfalls ziemlich unangebracht. Genauso wie der Hinweis auf versteckte Schwarzgeldkonten. Auch dann nicht, wenn Sie selbst ein solches Konto haben.
- In Polen ist es ein Fauxpas, wenn Sie die Meinung vertreten oder auch nur andeuten, das Land würde zu Osteuropa gehören. Die Polen sind nämlich der Überzeugung (und das stimmt nicht nur geographisch), sie seien Mitteleuropäer. Selbst wenn Sie

persönlich kein Freund von Karol Wojtyła waren – Witze über den verstorbenen polnischen Papst gehen gar nicht!

- In Schweden und Norwegen ist Alkohol (und nicht nur der) bekanntlich teuer. Das hindert aber weder Schweden noch Norweger, gerne mal einen zu heben. Und zwar so viel, dass Alkohol zu einem gesellschaftlichen Problem geworden ist. Aber ganz bestimmt nicht zu einem Gesprächsthema. Auch das Thema Wikileaks und Julian Assange vermeiden Sie vor allem in Schweden besser …

- Die Tschechoslowakei gibt es nicht mehr. Es gibt die Tschechische Republik und die Slowakische Republik. Vermeiden Sie es bitte peinlichst, nur die Bezeichnung „Tschechei" zu benutzen. Auch das gespannte Verhältnis zwischen diesen beiden Völkern sollte man im jeweiligen Land nicht thematisieren.

- In Russland sprechen Sie am besten nicht – genauso wenig wie in Italien –, über die einheimische Mafia. Denn wenn es stimmt, was man so liest und hört, kann es gut sein, dass Ihr Gastgeber genau darin verwickelt ist …

- In Osttimor und anderen afrikanischen Ländern ist die Bevölkerung sehr abergläubisch. Hexen und Zauberei gehören zum realen Alltagsleben. Hier passiert es schon mal, dass es im Radio offizielle Regierungsverlautbarungen zu diesem Thema gibt. Etwa, dass Hexen in Gestalt von Waldkäuzen über die Stadt geflogen seien, um die Seelen kranker Kinder zu rauben. In Osttimor ist da besonders eine Hexe namens Magareta zugange, die sich in der Nacht über der Hauptstadt Dili herumtreibt. Jeder weiß darüber Bescheid, und die neuesten Infos verbreiten sich per SMS und sogar über das Internet. Aber darüber redet man nicht. Selbst wenn der Polizeichef mit Ihnen am Tisch sitzt und Sie doch zu gerne mehr wüssten …

- In Argentinien ein absolutes Tabu: sexuell angehauchte Witze in Gegenwart der Damen. Die Argentinier mögen Machos sein, aber sie sind Gentlemen. Sprechen Sie auch nicht über die „Malvinas". Sie wissen gar nicht, was das ist? Ganz einfach: So nennt man hier in Argentinien die Falklandinseln, um die es bekanntlich mit Großbritannien einen Krieg gab.

- In den USA gehört Smalltalk zum A und O jeder geschäftlichen und privaten Beziehung. Man bringt sich sofort ins Gespräch ein, erzählt persönliche Anekdoten, geht auf den anderen ein. Dazu gehört, überschwängliche Komplimente zu machen. Tabu sind allerdings Sex, Religion und Alter. Nachhaken sollten Sie niemals. Private Details bleiben hier nämlich privat. Man unterhält sich eher weniger intensiv, sondern plant lieber gemeinsame Unternehmungen, etwa sportliche Aktivitäten, den Besuch von Sportereignissen oder Ausflüge.
- In Venezuela und anderen Staaten Mittel- und Südamerikas vermeiden Sie es besser, lediglich „Amerika" zu sagen, wenn Sie die Vereinigten Staaten meinen. Amerika ist nämlich alles – Süd-, Mittel- und Nordamerika.

Kapitel 10

Vorsicht Knast!

Von Benimmfehlern, die Sie
ins Gefängnis bringen können

Sie können natürlich nicht jedes einzelne Gesetz kennen, das in dem Land gilt, das Sie im Urlaub oder auf Geschäftsreise besuchen. Vor allem in den Vereinigten Staaten, in den einzelnen Bundesstaaten, gibt es aus der Vergangenheit zum Teil absolut absurde gesetzliche Vorschriften. Sie werden nicht mehr angewandt. Aber sie existieren. Und wenn einer böswillig sein will und Sie auf dem Kieker hat, kann das schon mal schiefgehen.

Die Regeln für gutes Benehmen sind ebenfalls in allen Ländern unterschiedlich. Manchmal kommen sie uns bekannt vor, weil wir Ähnliches ebenfalls von klein auf gelernt haben. Manchmal aber ist ein für uns völlig normales Benehmen in einer anderen Gegend auf dieser Welt nicht nur einfach unhöflich, sondern strafbar.

Wo Essen und Trinken Sie in den Knast bringt

- In Schottland betrinken Sie sich besser nicht, wenn Sie eine Kuh besitzen. Das ist strafbar.
- In Großbritannien ist der Genuss von Alkohol in der Öffentlichkeit zwar nicht prinzipiell verboten. Doch in vielen Städten und Dörfern im britischen Inselreich ist es dennoch untersagt. Sie erkennen das an kleinen weißen Schildern mit einem durchgestrichenen Glas. Wenn Sie trotzdem Alkohol zu sich nehmen und dabei erwischt werden, zahlen Sie im schlimmsten Fall bis zu 500 Pfund Strafe. Ersatzweise natürlich Gefängnis.
- In Singapur ist es verboten, die berühmte Durian – auch Stinkfrucht genannt – in Bus, Bahn, Metro oder Flugzeug mitzunehmen. Wer sie im Hotelzimmer aufbewahrt – vielleicht für den kleinen Mitternachtsimbiss? – hat ebenfalls Pech. Erwischt wird er in jedem Fall – bei der Geruchsentwicklung. Und dann ist es üblich, weil das Zimmer erst mal nicht vermietet werden kann, als Strafe eine weitere Woche Aufenthalt zu zahlen.
- In Dubai empfiehlt es sich, stets ohne Mohnbrötchen einzureisen. Ein junger Mann aus der Schweiz wurde bei der Einreise verhaftet, weil er – aus London kommend – noch einige Krümel des Brötchens auf seiner Kleidung hatte. Die Behörden nahmen an, er hätte Drogen schmuggeln wollen.

Unabsichtliche Majestätsbeleidigungen

- In England sollte man Briefmarken mit dem Gesicht der Königin niemals verkehrt herum aufkleben – das gilt als Landesverrat und ist damit strafbar.
- In der Türkei sind Briefmarken mit dem Gesicht des Staatsgründers Atatürk ebenfalls sakrosankt. Also niemals bekritzeln – das bringt einen in den Knast.
- In Thailand kann es gefährlich sein, auf eine Banknote oder eine Münze zu treten. Denn darauf ist das Bild des Königs zu sehen – und das darf niemals mit den Füßen berührt werden. Ein Schweizer Staatsbürger soll vor einiger Zeit zu zehn Jahren Gefängnis verurteilt worden sein – allerdings hatte er wohl Porträts des Königs mit Farbe beschmiert.

Fehlverhalten in der Öffentlichkeit und am stillen Örtchen

- In Thailand kostet es eine empfindliche Geldstrafe, wenn man sein Auto ohne Hemd lenkt. Kann man nicht zahlen, wandert man in die Gefängniszelle.
- In der Türkei und in Ägypten ist es verboten, einen Fes aufzusetzen. Diese Kopfbedeckung aus rotem Filz mit flachem Deckel und meist schwarzer Fadenquaste gilt nämlich als „Zeichen anachronistischer Rückständigkeit". Und das kostet Strafe.
- In Singapur muss man beim Benutzen der Toilette besonders aufmerksam sein. Wer nicht richtig nachspült, wird mit 500 Euro Strafe zur Kasse gebeten.
- In Japan ist in manchen Stadtbezirken das Rauchen in der Öffentlichkeit verboten. Aufgemalte Verbotsschilder auf den Gehwegen weisen darauf hin. Eine Zuwiderhandlung wird als Ordnungswidrigkeit mit einer Geldbuße bestraft.
- In Thailand fotografiert man zwar gerne, auch in Tempelanlagen. Es ist jedoch strikt verboten, sich zwecks besseren Motivs auf eine Buddha-Statue zu setzen. Noch schlimmer – und sicher mit Gefängnis bestraft – wäre es, wenn Sie darauf herumklettern oder sich daraufstellen würden. Sie erinnern sich: Man zeigt nicht mit den Füßen auf jemanden. Und wenn Sie mit den Füßen auf einem Buddha herumtrampeln, ist das mehr als verwerflich!
- In China sollte ein allein reisender Mann besonders vorsichtig sein. Es kann passieren, dass am späten Abend per Zimmertelefon Massagen und weitergehende Dienstleistungen angeboten werden. Prostitution ist in China aber verboten – und auch die Kunden machen sich strafbar.
- In den Vereinigten Staaten halten Sie sich im Leihwagen immer schön ans vorgeschriebene Tempolimit (55 beziehungsweise 65 Meilen in der Stunde – das sind gut 88 beziehungsweise 104 Stundenkilometer). Lassen Sie sich bitte nicht auf Debatten ein, wenn Sie in eine Kontrolle geraten. Natürlich stimmt nicht alles, was man in Hollywoodfilmen sieht. In diesem Fall aber gilt: Sie bleiben zunächst im Auto sitzen, Sie achten darauf, dass der Polizist Ihre Hände genau sehen kann, wenn er zu Ihnen ans Fahrzeug tritt. Sie bewegen sich nicht ruckartig, sondern ganz bedächtig. Sie greifen nicht ohne Aufforderung einfach mal schnell ins Handschuhfach oder gar in Ihre Jackentasche. Andernfalls riskieren Sie unter Umständen den „Selbstverteidigungsreflex"

der Cops bzw. der örtlichen Dorf-Sheriffs. Und damit möglicherweise nicht nur einen Krankenhaus-, sondern Knastaufenthalt.

- In Japan ist das Wegwerfen von Abfall auf der Straße nicht gern gesehen. In manchen Gegenden wird es sogar mit empfindlichen Strafen geahndet. Und weil Sie sicher nicht wissen, wo genau das so ist: Lassen Sie es lieber!

- In Malaysia ist Homosexualität schlicht und einfach verboten. Wer es dennoch wagt und erwischt wird, muss mit 20 Jahren Gefängnis und Stockschlägen rechnen.

- In Brasilien gibt's wirklich tolle Strandschönheiten. Aber Sie sollten davon Abstand nehmen, einfach Fotos von ihnen zu schießen. Das kann zwischen vier und zehn Jahre Knast einbringen.

- In Italien lebt sich's schön. Aber nicht so schön, dass Sie auf der spanischen Treppe ein Tänzchen wagen sollten, vor lauter Lebenslust. Oder gar Jubelschreie ausstoßen. Das wird geahndet – mit bis zu 250 Euro. Der Grund für diese Strafe: An den römischen Sehenswürdigkeiten soll stets eine „angenehme Atmosphäre" herrschen. Touristentänze zählen da offensichtlich nicht dazu. Übrigens ist es auch verboten, wie seinerzeit Anita Ekberg ein erfrischendes Bad im römischen Trevi-Brunnen zu nehmen. Das bringt offensichtlich keine angenehme Atmosphäre, sondern ist mittlerweile eine Straftat.

- In Griechenland sollte man es vermeiden, auf öffentlichen Plätzen mit elektronischem Spielgerät zu daddeln. Dazu zählen Gameboy, Playstation und Ähnliches. Das kann bis zu ein Jahr Haft einbringen. Ach, übrigens: Zu öffentlichen Plätzen zählt der Grieche Hotels, Clubs und Restaurants und natürlich den Dorfplatz unter freiem Himmel.

- In den Vereinigten Arabischen Emiraten ist es strikt verboten, bei Unfallopfern erste Hilfe zu leisten. Teilweise werden da drakonische Strafen fällig. Natürlich darf man keinen Alkohol trinken in der Öffentlichkeit. Wer es trotzdem tut und sich dann auffallend benimmt, wandert mindestens 24 Stunden ins Gefängnis.

- Auf Capri ist es verboten, mit Holzschuhen durch die engen Gassen zu klappern. Das kostet immerhin 50 Euro Strafe: Lärmbelästigung! Öffentliches Radio- und Musikhören ist ebenfalls unerwünscht.

- In der Türkei sollten Sie vorsichtig sein, wenn Sie am Strand entlangspazieren und den einen oder anderen Stein aufheben und mitnehmen wollen. Dieses Souvenir kann nämlich – je nach Ansicht des zuständigen Polizeibeamten und später Richters – ein Verfahren wegen Schmuggels von Antiquitäten nach sich ziehen. Und das wird teuer in der Türkei: Sie riskieren bis zu zehn Jahre Knast.

Vom Badestrand in die Zelle

- In Indonesien, Malaysia und auf den Malediven ist Nacktbaden absolut verboten, selbst auf der Urlaubsinsel Bali. Hier riskieren Sie nicht nur neugierige oder abschätzige Blicke, sondern Sie können dafür empfindlich bestraft werden: Nicht nur mit Geldbußen, sondern sogar Gefängnis. Bis zu drei Jahren übrigens.
- In Frankreich, in der Hauptstadt Paris, wird Topless-Sonnenbaden am „Paris Plage" an der Seine mit einer Geldbuße belegt (etwa 40 Euro). Im restlichen Land allerdings, vor allem an den Atlantikstränden, sind die Franzosen gar nicht so.
- In Singapur gilt es als Pornographie, in den eigenen vier Wänden nackt herumzulaufen. Und wird natürlich entsprechend bestraft.
- Auf Korsika kostet das Baden oben ohne – falls man Sie direkt dabei erwischt – 150 Euro Strafe.
- In Italien wird zwar jeder Mann gerne hinschauen. Dennoch ist es in Venedig strikt verboten, auf öffentlichen Plätzen in Badekleidung aufzutreten. Mit anderen Worten: Venedigs Kanäle sind nicht zum Schwimmen da. Bis zu 200 Euro kann Sie das kosten. Auch das Strandleben in ganz Italien ist strikt geregelt: Man zieht sich in den Kabinen um – nicht direkt am Strand. Man darf keine Tiere mitnehmen. Man darf keine laute Musik spielen, nicht wild zelten oder am Strand übernachten, kein Lagerfeuer anzünden und natürlich nicht in der Badezone angeln. Wer es trotzdem tut, wird mit mehreren hundert Euro zur Kasse gebeten.
- In der Schweiz gibt es zwar keine Meeresstrände. Dennoch kann man sich empfindliche Strafen zuziehen – beispielsweise dann, wenn Sie im Kanton Appenzell und da in der Gemeinde Innerrhoden nackt durch die Landschaft wandern. Umgerechnet 130 Euro Geldbuße werden dann fällig.
- Im spanischen Valencia ist es mittlerweile verboten, einen Badeplatz mit Sonnenschirm zu markieren. Außerdem muss das Badetuch mindestens sechs Meter entfernt sein von den

anbrandenden Meereswellen; denn nur so – das besagt die Regel – kann man noch gut am Strand spazieren gehen. Sie dürfen außerdem dort nicht wild pinkeln (was vornehm mit „körperlichen Ausscheidungen" umschrieben wird) und auch nicht „risikoreich baden" (was immer das sein mag). Alles klar? Dann sparen Sie sich hiermit Geldbußen bis zu 3000 Euro.

- Im italienischen Ligurien darf man sich am Strand nicht massieren lassen. Im kleinen Örtchen Diano Marina zumindest nicht. Bis zu 2000 Euro bezahlt die Masseurin, wenn sie erwischt wird. Der Kunde zahlt übrigens nichts.